나의 하루 **1** 줄

스페인어

쓰 · 기 · 수 · 첩

¡HOLA! YESSI

☑ 중급문장 100

" 외국어는
매일의 습관입니다. "

매 일 스 페 인 어 습 관 의 기 적 !

나의 하루 1줄 스페인어 쓰·기·수·첩

¡HOLA!
YESSI

☑ 중급문장 100

매일 한 줄 쓰기의 힘

여러분,
한꺼번에 수십 개의 단어와 문장을 외웠다가
나중에 몽땅 까먹고 다시 공부하는
악순환을 반복하고 싶으신가요?

아니면 하루 1문장씩이라도
확실히 익히고, 직접 반복해서 써보며
온전한 내 것으로 만들어
까먹지 않고 제대로 써먹고 싶으신가요?

스페인어 '공부'가 아닌
스페인어 '습관'을 들이세요.

많은 사람들이 외국어를 공부할 때, 자신이 마치 내용을 한 번 입력하기만 하면
죽을 때까지 그걸 기억할 수 있는 기계인 것마냥 문법 지식과 단어를
머릿속에 최대한 많이 넣으려고 하는 경향이 있습니다.
하지만 이 공부법의 문제는? 바로 우리는 기계가 아닌 '인간'이기 때문에
한꺼번에 많은 내용을 머릿속에 우겨 넣어 봐야 그때 그 순간만 기억할 뿐
시간이 지나면 거의 다 '까먹는다는 것'입니다.

'한꺼번에 많이'보다
'매일매일 꾸준히' 하세요.

까먹지 않고 내 머릿속에 오래도록 각인을 시키려면,
우리의 뇌가 소화할 수 있는 만큼만 이를 최대한 '반복'해야 합니다.
한 번에 여러 문장을 외웠다 며칠 지나 다 까먹는 악순환을 벗어나,
한 번에 한 문장씩 여러 번 반복하고 직접 써 보는 노력을 통해
스페인어를 진짜 내 것으로 만드는 것이 제대로 된 방법입니다.

어느새 스페인어는
'나의 일부'가 되어있을 겁니다.

자, 이젠 과도한 욕심으로 작심삼일로 끝나는 외국어 공부 패턴을 벗어나,
진짜 제대로 된 방법으로 스페인어를 공부해 보는 건 어떨까요?

쓰기 수첩 활용법

DÍA 001 ___월 ___일

> ── Quiero un café con leche. ──
>
> 나는 카페라떼 한 잔을 원해.

①

① querer = 원하다 (어간의 e→ie로 불규칙 변화 : 현재 시제 기준)

(yo) quiero | (tú) quieres | (él, ella, usted) quiere |
(nosotros/-as) queremos | (vosotros/-as) queréis | (ellos, ellas, ustedes) quieren

Quiero un café con leche. = 나는 카페라떼 한 잔을 원해.

MP3 듣고 따라 말하며 세 번씩 써보기　　　　　🎧 mp3 001

②

①

②

③

응용해서 써본 후 MP3 듣고 따라 말하기　　　　　🎧 mp3 002

① 그는 오렌지 주스 한 잔을 원해. [주스 = m. zumo, 오렌지 주스 = zumo de naranja]

→

③

② 나는 마르따를 사랑해. [~(사랑)을 좋아하다/사랑하다 = querer+a 사랑]

→

> ① Él quiere un zumo de naranja.
>
> ② Quiero a Marta.

1

하루 1문장씩
제대로 머릿속에 각인시키기

스페인어 핵심 어법이 녹아 있는 문장을 하루 1개씩, 총 100개 문장을 차근차근 익혀 나가도록 합니다. 각 문장 1개를 통해 일상생활 필수 표현 및 핵심 문형 1개 & 새로운 어휘 2~3개를 함께 익힐 수 있습니다.

2

그날그날 배운
문장 1개 반복해서 써보기

그날그날 배운 문장 1개를 수첩에 반복해서 써 보도록 합니다.. 문장을 다 써 본 후엔 원어민이 직접 문장을 읽고 녹음한 MP3 파일을 듣고 따라 말하며 발음까지 확실히 내 것으로 만들도록 합니다.

3

배운 문장을 활용해
새로운 문장 응용해서 써보기

그날그날 배우고 써 봤던 스페인어 문형에 다른 어휘들을 집어 넣어 '응용 문장 2개' 정도를 더 써 보도록 합니다. 이렇게 함으로써 그날 배운 스페인어 문형은 완벽한 내 것이 될 수 있습니다.

DÍA 088	DÍA 089	DÍA 090	복습 - 9	DÍA 091
✓	✓			

DÍA 092	DÍA 093	DÍA 094	DÍA 095	DÍA 096

DÍA 097	DÍA 098	DÍA 099	DÍA 100	복습 - 10

4

5

기초문장 100

중급문장 100

고급문장 100

본 교재는 '중급문장 100'에 해당합니다.

4 매일매일 쓰기를 확실히 끝냈는지 스스로 체크하기

외국어 공부가 작심삼일이 되는 이유 중 하나는 바로 스스로를 엄격히 체크하지 않아서입니다. 매일 쓰기 훈련을 끝마친 후엔 체크 일자에 학습 완료 체크 표시를 하며 쓰기 습관이 느슨해지지 않도록 합니다.

5 '기초-중급-고급'의 체계적인 단계별 쓰기 훈련

나의 하루 1줄 스페인어 쓰기 수첩은 '기초-중급-고급'으로 구성되어 있어 수준을 단계적으로 높여 가며 스페인어를 마스터할 수 있습니다.

기초문장 **100**	기초문장 100개를 쓰고 익히며 스페인어의 기본 문장 구조 파악 및 기초 표현 학습
중급문장 100	중급문장 100개를 쓰고 익히며 다양한 시제 및 중급 레벨의 어법/표현 학습
고급문장 **100**	기초 및 중급을 기반으로 좀 더 길고 풍성한 고급문장 100개를 써 보며 실력 다지기

쓰기 수첩 목차

나의 쓰기 체크일지

본격적인 '나의 하루 1줄 스페인어 쓰기' 학습을 시작하기에 앞서, 수첩을 활용하여 공부를 진행하는 방법 및 '나의 쓰기 체크 일지' 활용 방법을 안내해 드리도록 하겠습니다. 꼭! 읽고 학습을 진행하시기 바랍니다.

 공부 방법

1. 'DÍA 1'마다 핵심 스페인어 문형 및 문장 1개를 학습합니다.

2. 배운 문장 1개를 MP3를 듣고 따라 말하며 3번씩 써 봅니다.

3. 배운 문장 구조를 응용하여 다른 문장 두 개를 작문해 본 다음 MP3를 듣고 따라 말해 봅니다.

4. 또한 Lección 하나가 끝날 때마다 복습 및 작문 테스트를 치러 보며 자신의 스페인어 실력을 점검해 봅니다.

5. 이 같이 학습을 진행해 나가면서, '나의 쓰기 체크 일지'에 학습을 제대로 완료했는지 체크(V) 표시를 하도록 합니다.

▶▶▶ START		INTRO		
DÍA 001	DÍA 002	DÍA 003	DÍA 004	DÍA 005

DÍA 006	DÍA 007	DÍA 008	DÍA 009	DÍA 010
복습 - 1	DÍA 011	DÍA 012	DÍA 013	DÍA 014
DÍA 015	DÍA 016	DÍA 017	DÍA 018	DÍA 019
DÍA 020	복습 - 2	DÍA 021	DÍA 022	DÍA 023
DÍA 024	DÍA 025	DÍA 026	DÍA 027	DÍA 028
DÍA 029	DÍA 030	복습 - 3	DÍA 031	DÍA 032
DÍA 033	DÍA 034	DÍA 035	DÍA 036	DÍA 037

DÍA 038	DÍA 039	DÍA 040	복습 - 4	DÍA 041
DÍA 042	DÍA 043	DÍA 044	DÍA 045	DÍA 046
DÍA 047	DÍA 048	DÍA 049	DÍA 050	DÍA 051
DÍA 052	복습 - 5	DÍA 053	DÍA 054	DÍA 055
DÍA 056	DÍA 057	DÍA 058	DÍA 059	DÍA 060
DÍA 061	DÍA 062	복습 - 6	DÍA 063	DÍA 064
DÍA 065	DÍA 066	DÍA 067	DÍA 068	DÍA 069

DÍA 070	DÍA 071	DÍA 072	복습 - 7	DÍA 073
DÍA 074	DÍA 075	DÍA 076	DÍA 077	DÍA 078
DÍA 079	DÍA 080	DÍA 081	복습 - 8	DÍA 082
DÍA 083	DÍA 084	DÍA 085	DÍA 086	DÍA 087
DÍA 088	DÍA 089	DÍA 090	복습 - 9	DÍA 091
DÍA 092	DÍA 093	DÍA 094	DÍA 095	DÍA 096
DÍA 097	DÍA 098	DÍA 099	DÍA 100	복습 - 10

나의 다짐

다짐합니다.

나는 "나의 하루 한 줄 스페인어 쓰기 수첩"을

언제 어디서나 휴대하고 다니며

하루 한 문장씩 꾸준히 포기하지 않고

열심히 쓸 것을 다짐합니다.

만약 하루에 한 문장씩 쓰기로 다짐한

이 간단한 약속조차 지키지 못해

다시금 작심삼일이 될 경우,

이는 내 자신의 의지가 이 작은 것도 못 해내는

부끄러운 사람이란 것을 입증하는 것임을 알고,

따라서 내 스스로에게 부끄럽지 않도록

이 쓰기 수첩을 끝까지 쓸 것을

내 자신에게 굳건히 다짐합니다.

_____ 년 _____ 월 _____ 일

이름: _____

INTRODUCCIÓN

학습 시작 전 몸풀기

중급문장 100개를 익히기 전,
기초 스페인어 문법 및 표현들을
제대로 알고 있는지 복습해 봅시다.

① 스페인어의 주격 인칭대명사

② 스페인어의 기본 어순 & 스페인어 동사

③ ser 동사 & estar 동사

④ 스페인어 명사 & 관사 & 형용사

⑤ 스페인어 지시 형용사 & 지시 대명사

⑥ 스페인어 숫자 & 시간 표현

⑦ hay 동사 & estar+동사의 현재 분사

⑧ 스페인어 의문사

중급문장 100을 학습하기에 앞서, 기초문장 100에서 학습했던 기초 스페인어 문법 및 표현들을 제대로 숙지하고 있는지 가볍게 정리하며 훑어보도록 합시다. 스페인어의 주격 인칭대명사부터 기본 어순 및 스페인어 동사, 명사, 관사, 형용사, 지시 형용사, 지시 대명사, 숫자&시간 표현, 의문사까지 짧고 굵게 훑어보며 중급에 들어갈 준비를 해 봅시다.

1 스페인어의 주격 인칭대명사

주격 인칭대명사		의미	사용법
1인칭 (단수)	yo	나	문장의 첫 부분에 나올 때만 첫 글자가 대문자, 그 외엔 첫 글자는 소문자
2인칭 (단수)	tú	너	가족, 친구처럼 가까운 사이에서 사용 (중남미 일부 지역에선 'vos'라고 지칭)
3인칭 (단수)	él	그	남성인 제3자를 지칭할 때 사용
	ella	그녀	여성인 제3자를 지칭할 때 사용
존칭 (단수)	usted	당신	상급자, 공식적인 관계, 모르는 사이에서 사용 (Ud.으로 축약 가능)
1인칭 (복수)	nosotros nosotras	우리	전부 남성 혹은 혼성 → nosotros 전부 여성 → nosotras
2인칭 (복수)	vosotros vosotras	너희	전부 남성 혹은 혼성 → vosotros 전부 여성 → vosotras (중남미에선 'ustedes'라고 지칭)
3인칭 (복수)	ellos	그들	모두 남성이거나 혼성일 때 사용
	ellas	그녀들	모두 여성일 때 사용
존칭 (복수)	ustedes	당신들	앞서 나온 usted의 복수형 (Uds.로 축약 가능)

스페인어 동사는 주어에 따라 형태가 '규칙적으로' 변하거나 '불규칙하게' 변합니다. 일단 기본
어순과 규칙 변화하는 동사들을 표로 정리하면 아래와 같으며, 동사의 형태를 보면 주어를 알 수 있
으므로 주어는 주로 생략합니다. (1~2인칭 주어는 보통 생략, 3인칭 주어는 상황·문맥상 주어를 확실
히 알 수 있을 경우 생략 가능, 주어를 강조하고자 할 땐 주어를 사용)

기본 어순			
평서문	(주어)-동사-(목적어, ⋯)		
부정문	(주어)-no-동사-(목적어, ⋯)		
의문문	'¿동사-(주어)?'의 어순으로 말하거나 평서문의 끝을 올려서 발화		
동사의 규칙 변화 (현재 시제 기준)			
	-ar 동사	-er 동사	-ir 동사
yo	-o		
tú	-as	-es	
él, ella, usted	-a	-e	
nosotros/-as	-amos	-emos	-imos
vosotros/-as	-áis	-éis	-ís
ellos, ellas, ustedes	-an	-en	
	hablar	comer	escribir
	말하다	먹다	쓰다
yo	hablo	como	escribo
tú	hablas	comes	escribes
él, ella, usted	habla	come	escribe
nosotros/-as	hablamos	comemos	escribimos
vosotros/-as	habláis	coméis	escribís
ellos, ellas, ustedes	hablan	comen	escriben

- ser = (주어의 이름/출신/직업/외모/성격/특징 등이) ~이다
- estar = (주어의 위치, 일시적인 기분/상태가) ~이다

ser 동사는 주어의 본질적인 속성을 표현할 때 사용하며, estar 동사는 주어의 위치나 일시적인 기분/상태를 나타낼 때 사용합니다. 그리고 이 두 개의 동사는 주어별로 형태가 불규칙하게 변하며, 이를 표로 정리하면 아래와 같습니다.

(현재 시제 기준)

	ser	estar
yo	soy	estoy
tú	eres	estás
él, ella, usted	es	está
nosotros/-as	somos	estamos
vosotros/-as	sois	estáis
ellos, ellas, ustedes	son	están

ser 동사가 들어간 예문

- Soy Pablo. = [이름] 나는 빠블로야.
- ¿Eres mexicana? = [국적] 너는 멕시코 사람이니?
- Somos actores. = [직업] 우리는 배우예요.
- Mi padre es trabajador. = [본질적인 성격] 우리 아버지는 근면하셔.

estar 동사가 들어간 예문

- Estoy aquí. = [현재의 위치] 나는 여기 있어.
- Ellos están cansados. = [현재의 일시적인 컨디션] 그들은 피곤한 상태야.
- Mi madre está ocupada. = [현재의 일시적인 근황] 우리 어머니는 바쁘셔.
- La sopa está caliente. = [현재 일시적인 상태] 수프가 뜨거워.

스페인어 명사 & 관사 & 형용사

① 스페인어 명사

　스페인어 명사는 두 개의 성(남성/여성), 두 개의 수(단수/복수)로 구분되며, 복수 명사를 만들 땐 '모음으로 끝나는 단수 명사+s, 자음으로 끝나는 단수 명사+es'와 같이 만들면 됩니다.

	남성 명사	여성 명사
[남성] -o [여성] -a	coreano (한국 남자) coreanos (한국 남자들)	coreana (한국 여자) coreanas (한국 여자들)
[남성] -자음 [여성] -자음+a	español (스페인 남자) españoles (스페인 남자들)	española (스페인 여자) españolas (스페인 여자들)
남성/여성 형태 같음 -ista / -ante	periodista (기자) / cantante (가수) periodistas (기자들) / cantantes (가수들)	
남성/여성 형태 불규칙하게 다름	actor (남자 배우) actores (남자 배우들)	actriz (여자 배우) actrices (여자 배우들)

주어의 '성/수'에 맞춰 명사를 사용한 예문

- Soy coreano. = [나=남성/단수] 나는 한국 사람이야.
- Ellos no son coreanos. = [그들=남성/복수] 그들은 한국 사람이 아니야.
- ¿Eres española? = [너=여성/단수] 너는 스페인 사람이니?
- ¿Sois españolas? = [너희=여성/복수] 너희는 스페인 사람이니?
- Soy periodista. = [나=남성/단수] 나는 기자예요.
- Alicia es periodista. = [알리씨아=여성/단수] 알리씨아는 기자예요.
- Pedro es actor. = [뻬드로=남성/단수] 뻬드로는 배우예요.
- Somos actrices. = [우리=여성/복수] 우리는 배우예요.

② 스페인어 관사 (부정관사 & 정관사)

　　부정관사는 구체화되지 않은 '어떤' 대상을 지칭할 때 명사 앞에 붙여서 사용합니다. 그리고 부
정관사엔 수적인 의미가 내포되어 있어서 단수 명사 앞에 붙었을 땐 '하나의', 복수 명사 앞에 붙었
을 땐 '몇몇의'라는 의미로 사용되기도 합니다. 부정관사는 뒤에 오는 명사의 성/수에 따라 아래와
같이 형태가 변화합니다(정관사도 동일).

	부정관사+남성 명사	부정관사+여성 명사
단수	un libro	una casa
복수	unos libros	unas casas

　　<u>정관사</u>는 이미 언급되었던 대상, 상황상 이미 알고 있다고 가정되는 구체적인 대상을 지칭하거
나 명사가 의미하는 대상 전체를 지칭할 때 사용합니다.

	정관사+남성 명사	정관사+여성 명사
단수	el libro	la casa
복수	los libros	las casas

③ 스페인어 형용사

　　스페인어 형용사 역시 '남성/여성, 단수/복수'로 구분되며, '[주어+ser/estar+형용사] = 주어
는 ~하다'라고 말할 땐 형용사를 '주어의 성/수'에 맞는 형태로 써야 합니다.

① 형용사의 남성형이 -o인 경우			② 형용사의 남성형 어미가 자음인 경우		
	남성형	여성형		남성형	여성형
단수	alto	alta	단수	trabajador	trabajadora
복수	altos	altas	복수	trabajadores	trabajadoras

③ 형용사가 '남성형=여성형'인 경우		
	남성형	여성형
단수	alegre	alegre
복수	alegres	alegres

Soy alto. = 나(남성)는 키카 거.
Ella es alta. = 그녀는 키가 커.
Ellos son altos. = 그들은 키가 커.

'이/그/저 ~'라고 지칭할 수 있는 스페인어 지시 형용사는 아래와 같이 정리할 수 있으며, 지시 형용사는 뒤에 나오는 명사의 성/수에 맞춰 형태가 변화합니다.

		남성형	여성형
이 ~	단수	este libro (이 책)	esta casa (이 집)
	복수	estos libros (이 책들)	estas casas (이 집들)
그 ~	단수	ese libro (그 책)	esa casa (그 집)
	복수	esos libros (그 책들)	esas casas (그 집들)
저 ~	단수	aquel libro (저 책)	aquella casa (저 집)
	복수	aquellos libros (저 책들)	aquellas casas (저 집들)

Este libro es interesante. = 이 책은 흥미로워.
Esa camiseta es de Yessi. = 그 티셔츠는 예씨의 것이야.

지시 형용사들은 '이/그/저것, 이/그/저 사람'이라는 뜻의 지시 대명사로도 쓸 수 있으며, 참고로 '이/그/저건 뭐지?'와 같이 잘 알지 못하거나 막연한 대상을 지칭할 땐 '중성 지시 대명사(esto, eso, aquello)'를 써서 말합니다.

		남성형	여성형	중성형
이것	단수	este	esta	esto
	복수	estos	estas	
그것	단수	ese	esa	eso
	복수	esos	esas	
저것	단수	aquel	aquella	aquello
	복수	aquellos	aquellas	

Aquella es la casa de Juan. = 저것은 후안의 집이야.
Esos son de plástico. = 그것들은 플라스틱으로 되어 있어.

① 스페인어로 숫자 말하기

0	1	2	3	4
cero	uno	dos	tres	cuatro
5	6	7	8	9
cinco	seis	siete	ocho	nueve
10	11	12	13	14
diez	once	doce	trece	catorce
15	16	17	18	19
quince	dieciséis	diecisiete	dieciocho	diecinueve
20	21	22	23	24
veinte	veintiuno	veintidós	veintitrés	veinticuatro
25	26	27	28	29
veinticinco	veintiséis	veintisiete	veintiocho	veintinueve

30	31	32	33
treinta	treinta y uno	treinta y dos	treinta y tres
34		35	36
treinta y cuatro		treinta y cinco	treinta y seis
37		38	39
treinta y siete		treinta y ocho	treinta y nueve

40	50	60	70	80	90
cuarenta	cincuenta	sesenta	setenta	ochenta	noventa

'21~29'를 제외한 '31~39, 41~49, 51~59, 61~69, 71~79, 81~89, 91~99'는
'30/40/50/60/70/80/90+y+uno/dos/tres/cuatro/cinco/seis/siete/ocho/
nueve'와 같이 말하면 됩니다.

② 스페인어로 월 말하기

1월	2월	3월	4월
enero	febrero	marzo	abril
5월	6월	7월	8월
mayo	junio	julio	agosto
9월	10월	11월	12월
septiembre	octubre	noviembre	diciembre

③ 스페인어로 요일 말하기

월요일(에)	화요일(에)	수요일(에)	목요일(에)
el lunes	el martes	el miércoles	el jueves
금요일(에)	토요일(에)		일요일(에)
el viernes	el sábado		el domingo
월요일마다	화요일마다	수요일마다	목요일마다
los lunes	los martes	los miércoles	los jueves
금요일마다	토요일마다		일요일마다
los viernes	los sábados		los domingos

- 정관사(el)+숫자(날짜)+de+월 = ~월 ~일
- ser la/las 숫자(시간) y 숫자(분) = ~시 ~분이다
- ser la/las 숫자(시간) menos 숫자(분) = ~시 ~분 전이다
- ser la/las 숫자(시간) de la mañana = 오전 ~시이다
- ser la/las 숫자(시간) de la tarde = 오후 ~시이다
- ser la/las 숫자(시간) de la noche = 밤 ~시이다
- a la/las 숫자(시간) = ~시에
- por la mañana/la tarde/la noche = 오전에/오후에/밤에

① hay 동사

hay+명사 = ~(사람/동물/사물 등)이 있다 (*hay는 모양이 변하지 않음)

hay +	[부정관사+명사] un+남성(단수)명사 / una+여성(단수)명사
	unos+남성(복수)명사 / unas+여성(복수)명사
	[숫자+명사] dos+명사(2개의 ~), tres+명사(3개의 ~), ⋯
	[mucho/-a+명사] muchas manzanas(많은 사과들), ⋯
	[관사 없이 명사만] manzanas(사과들), huevos(계란들), ⋯

Hay un cine en mi barrio. = 우리 동네에 영화관 하나가 있어.
Hay tres manzanas en la nevera. = 냉장고에 사과 세 개가 있어.
Hay muchas manzanas en la nevera. = 냉장고에 많은 사과가 있어.
Hay manzanas en la nevera. = 냉장고에 사과가 있어.

② estar+동사의 현재 분사

estar+동사의 현재 분사 = (현재) ~하는 중이다, (최근에) ~하고 있다

	estar		-ar	-er, -ir
yo	estoy			
tú	estás		[현재 분사]	[현재 분사]
él, ella, usted	está	+	-ando	-iendo
nosotros/-as	estamos			
vosotros/-as	estáis		'leer→leyendo'와 같이 불규칙하
ellos, ellas, ustedes	están		게 변하는 현재 분사도 존재

Estoy tocando el piano. = 나는 피아노를 연주하고 있어.
Este año estoy leyendo mucho. = 올해 나는 독서를 많이 하고 있어.

① 의문사 의문문의 어순

의문사가 들어간 의문문은 의문사가 가장 앞에 나오고, 그 이후의 어순은 의문사가 주어인지 아닌지 여부에 따라 아래와 같은 어순이 됩니다.

['의문사≠주어'인 경우] ¿의문사-동사-주어-(목적어, ···)?

['의문사=주어'인 경우] ¿의문사-동사-(목적어, ···)?

② 의문사의 종류

의문사		예문
[단수] quién **[복수]** quiénes	누가	¿Quién es aquella señora? = 저 아주머니는 누구셔? ¿Quiénes son ellas? = 그녀들은 누구니? ¿Quién viene a cenar? = 누가 저녁 먹으러 오니?
cuándo	언제	¿Cuándo es tu cumpleaños? = 네 생일은 언제니? ¿Cuándo vas a hablar con tu novio? = 너는 언제 너의 남자 친구와 얘기할 거야?
cómo	어떻게	¿Cómo es ella? = 그녀는 어떤 사람이야? ¿Cómo estás? = 너는 어떻게 지내니?
dónde	어디	¿Dónde está el baño? = 화장실은 어디에 있니? ¿Dónde trabajas? = 너는 어디에서 일하니?
qué	무엇	¿Qué haces? = 너는 뭐하니? ¿Qué hora es ahora? = 지금 몇 시야?
por qué	왜	¿Por qué estás tan enfadado conmigo? = 넌 왜 그렇게 나한테 화났니? ¿Por qué no visitas a tus padres? = 너의 부모님을 방문하는 게 어때?

③ 전치사+의문사

con+quién = 누구랑, 누구와   a+dónde = 어디로, 어디에
a+quién = 누구를, 누구에게   de+qué = 뭐로 만든/된 (것)
de+quién = 누구의 것   a+qué hora = 몇 시에
de+dónde = 어디로부터, 어디 출신의   con+qué frecuencia = 얼마나 자주

- con quién = 누구랑, 누구와
  ¿Con quién vives? = 너는 누구랑 사니?

- a quién = 누구를, 누구에게
  ¿A quién vas a invitar? = 너는 누구를 초대할 거니?

- de quién = 누구의 것
  ¿De quién es esta maleta? = 이 여행 가방은 누구의 것이니?

- de dónde = 어디로부터, 어디 출신의
  ¿De dónde eres? = 너는 어디 출신이니?

- a dónde(adónde) = 어디로, 어디에
  ¿A dónde vais? = 너희는 어디에 가니?

- de qué = 뭐로 만든/된 (것)
  ¿De qué es este vaso? = 이 컵은 뭐로 되어 있니?

- a qué hora = 몇 시에
  ¿A qué hora llega el tren? = 기차는 몇 시에 도착하니?

- con qué frecuencia = 얼마나 자주
  ¿Con qué frecuencia vas al gimnasio? = 넌 얼마나 자주 헬스장에 가니?

LECCIÓN 01

querer, preferir, poder 동사로 말하기

Quiero un café con leche.

나는 카페라떼 한 잔을 원해.

① querer = 원하다 (어간의 e→ie로 불규칙 변화 : 현재 시제 기준)

> (yo) quiero | (tú) quieres | (él, ella, usted) quiere |
> (nosotros/-as) queremos | (vosotros/-as) queréis | (ellos, ellas, ustedes) quieren

② querer+사물 = ~을·를 원하다 / m. café = 커피 / f. leche = 우유

café con leche = 우유를 곁들인 커피 = 카페라떼

Quiero un café con leche. = 나는 카페라떼 한 잔을 원해.

MP3 듣고 따라 말하며 세 번씩 써보기	🎧 mp3 001

①

②

③

응용해서 써본 후 MP3 듣고 따라 말하기	🎧 mp3 002

① 그는 오렌지 주스 한 잔을 원해. [주스 = m. zumo, 오렌지 주스 = zumo de naranja]

→

② 나는 마르따를 사랑해. [~(사람)을 좋아하다/사랑하다 = querer+a 사람]

→

> ① Él quiere un zumo de naranja.
>
> ② Quiero a Marta.

— Quiero ir **de vacaciones a Cuba.** —

나는 **쿠바로 휴가** 가고 싶어.

① querer**+동사 원형** = ~하길 원하다, ~하고 싶다

comer(먹다) → Quiero comer algo. = 나는 무언가를 먹고 싶어.

bailar(춤추다) → ¿Quieres bailar conmigo? = 너 나랑 춤추고 싶니?

② f. vacación = 휴가 (주로 '복수형(vacaciones)'으로 사용)

ir de vacaciones = 휴가 가다

Quiero ir de vacaciones a Cuba. = 나는 쿠바로 휴가 가고 싶어.

MP3 듣고 따라 말하며 세 번씩 써보기   🎧 mp3 003

① _____

② _____

③ _____

응용해서 써본 후 MP3 듣고 따라 말하기   🎧 mp3 004

① 우리는 쇼핑 가고 싶어. [쇼핑·장보기 = f. compra, 쇼핑 가다 = ir de compras]

→

② 그들은 술 마시러 가고 싶어 해. [술잔 = f. copa, 한잔하러(술 마시러) 가다 = ir de copas]

→

---

① Queremos ir de compras.

② Ellos quieren ir de copas.

Quiero seguir estudiando.

나는 계속 **공부하고** 싶어.

① seguir = 따르다; 쫓다; 계속하다 (어간의 e→i로 불규칙 변화 : 현재 시제 기준)

> (yo) sigo | (tú) sigues | (él, ella, usted) sigue |
> (nosotros/-as) seguimos | (vosotros/-as) seguís | (ellos, ellas, ustedes) siguen

② estudiar = 공부하다 → [현재 분사] estudiando

seguir+현재 분사 = 계속 ~하다 → seguir estudiando = 계속 공부하다

Quiero seguir estudiando. = 나는 계속 공부하고 싶어.

MP3 듣고 따라 말하며 세 번씩 써보기   🎧 mp3 005

①

②

③

응용해서 써본 후 MP3 듣고 따라 말하기   🎧 mp3 006

① 알리씨아는 바르셀로나에서 계속 일하고 싶어 해.

→

② 나는 뻬드로와 계속 사귀고 싶지 않아. [~와 사귀다 = salir con ~]

→

---

① Alicia quiere seguir trabajando en Barcelona.

② No quiero seguir saliendo con Pedro.

—————— Prefiero **el mar.** ——————

나는 **바다를** 선호해.

① prefer-ir = 선호하다; 더 좋아하다 (어간의 e→ie로 불규칙 변화 : 현재 시제 기준)

> (yo) pref-ero | (tú) pref-eres | (él, ella, usted) pref-ere |
> (nosotros/-as) preferimos | (vosotros/-as) preferís | (ellos, ellas, ustedes) pref-eren

② prefer-ir+**명사/동사원형** = ~을/~하기를 선호하다

m.f. mar = 바다 → Prefiero **el mar.** = 나는 **바다를** 선호해.

Prefiero **trabajar** en casa. = 나는 **집에서 일하는 걸** 선호해.

MP3 듣고 따라 말하며 세 번씩 써보기	🎧 mp3 007

①

②

③

응용해서 써본 후 MP3 듣고 따라 말하기	🎧 mp3 008

① 우리 어머니는 산을 더 선호하셔. [산 = f. montaña]

→

② 그들은 TV 보는 걸 더 좋아해.

→

① Mi madre prefiere la montaña.

② Ellos prefieren ver la televisión.

— Prefiero **caminar rápido** a correr. —

나는 달리는 것보다 빨리 걷는 것을 선호해.

---

① preferir A a B = B보다 A를 선호하다(더 좋아하다)

Prefiero el mar a la montaña. = 나는 산보다 바다를 선호해.

② correr = 달리다

caminar = 걷다, rápido = 빨리 → caminar rápido = 빨리 걷다

Prefiero **caminar rápido** a correr.

= 나는 달리는 것보다 빨리 걷는 것을 선호해.

MP3 듣고 따라 말하며 세 번씩 써보기 🎧 mp3 009

①

②

③

응용해서 써본 후 MP3 듣고 따라 말하기 🎧 mp3 010

① 다니엘은 여름보다 겨울을 선호해. [겨울 = m. invierno, 여름 = m. verano]

→

② 내 남편은 쇼핑가는 것보다 집에서 쉬는 걸 더 좋아해. [쉬다 = descansar]

→

① Daniel prefiere el invierno al verano.

② Mi marido prefiere descansar en casa a ir de compras.

DÍA 006 ___월 ___일

— No puedo vivir **sin ti.** —

나는 **너 없이** 살 수 없어.

① poder = ~할 수 있다 (어간의 o→ue로 불규칙 변화 : 현재 시제 기준)

> (yo) puedo | (tú) puedes | (él, ella, usted) puede
> (nosotros/-as) podemos | (vosotros/-as) podéis | (ellos, ellas, ustedes) pueden

② poder+동사 원형 = ~할 수 있다 / no poder+동사 원형 = ~할 수 없다

sin ~ = ~ 없이 / sin ti = 너 없이 (전치사 뒤에서는 tú가 ti로 바뀝니다.)

No puedo vivir sin ti. = 나는 너 없이 살 수 없어.

MP3 듣고 따라 말하며 세 번씩 써보기　　　　　　　　　🎧 mp3 011

①

②

③

응용해서 써본 후 MP3 듣고 따라 말하기　　　　　　　　🎧 mp3 012

① 우리는 잠을 잘 잘 수가 없어. [자다 = dormir → 잘 자다 = dormir bien]

→

② 나는 너의 집에 들를 수 있어. [~에 들르다 = pasar por ~]

→

---

① No podemos dormir bien.

② Puedo pasar por tu casa.

— Puedes buscar **trabajo en el extranjero.** —

넌 **외국에서 일자리를** 찾을 수 있어.

① 'poder+동사 원형'을 불규칙 변화에 주의하며 다시 한번 써 보도록 합시다.

poder+동사 원형 = ~할 수 있다 → puedes+동사 원형 = 너는 ~할 수 있다

② buscar = 찾다, 구하다, 검색하다

buscar trabajo = 일자리를 찾다·구하다 / m. extranjero = 외국

Puedes buscar trabajo en el extranjero.

= 넌 외국에서 일자리를 찾을 수 있어.

MP3 듣고 따라 말하며 세 번씩 써보기 🎧 mp3 013

①

②

③

응용해서 써본 후 MP3 듣고 따라 말하기 🎧 mp3 014

① 이제 우리는 쉴 수 있어. [이제 = ya, 쉬다 = descansar]

→

② 오늘 나는 너랑 만날 수 없어. [~와 만나다 = quedar con 사람]

→

---

① Ya podemos descansar.

② Hoy no puedo quedar contigo.

Aquí no puedes hablar en voz alta.

여기서 너 큰 소리로 말하면 안 돼.

① 'poder+동사 원형'은 아래의 밑줄 친 부분과 같은 의미로도 해석 가능합니다.

poder+동사 원형 = ~할 수 있다; ~해도 된다

no poder+동사 원형 = ~할 수 없다; ~하면 안 된다

② f. voz = 목소리 / alto/-a = (소리가) 큰, 높은 / en voz alta = 큰 소리로

Aquí no puedes hablar en voz alta.

= 여기서 너 큰 소리로 말하면 안 돼.

MP3 듣고 따라 말하며 세 번씩 써보기	mp3 015

①

②

③

응용해서 써본 후 MP3 듣고 따라 말하기	mp3 016

① 여기에 너 주차해도 돼. [주차하다 = aparcar]

→

② 너는 오늘 밤에 나가면 안 돼. [오늘 밤(에) = esta noche]

→

① Aquí puedes aparcar.

② No puedes salir esta noche.

¿Puedo hacer fotos aquí?

제가 여기서 사진을 찍어도 될까요?

① ¿Puedo+동사 원형? = ~해도 될까(요)?

→ 상대방에게 허락을 구하는 표현

(ex) abrir = 열다 / f. ventana = 창문 / abrir la ventana = 창문을 열다

¿Puedo abrir la ventana? = 내가 창문을 열어도 될까?

② f. foto = 사진 / hacer fotos = 사진을 찍다

¿Puedo hacer fotos aquí? = 제가 여기서 사진을 찍어도 될까요?

MP3 듣고 따라 말하며 세 번씩 써보기　　　　　　　　　　🎧 mp3 017

①

②

③

응용해서 써본 후 MP3 듣고 따라 말하기　　　　　　　　　🎧 mp3 018

① 제가 화장실에 가도 될까요? [화장실 = m. baño]

→

② 내가 불을 켜도 될까? [빛; 전기 = f. luz → 불을 켜다 = encender la luz]

→

> ① ¿Puedo ir al baño?
> ② ¿Puedo encender la luz?

¿Puedes apagar la luz?

불 좀 꺼 줄래?

① ¿Puedes+동사 원형? = ~해 줄 수 있어? → 상대방에게 부탁하는 표현

주어가 'tú(너)'인 상대방에게 부탁하는 친근한 뉘앙스의 표현입니다.

(ex) ¿Puedes abrir la ventana? = 창문 좀 열어 줄 수 있어?

② apagar = 끄다 / apagar la luz = 불을 끄다

¿Puedes apagar la luz? = 불 좀 꺼 줄 수 있어?

→ 위의 말을 '불 좀 꺼 줄래?'와 같이 해석할 수도 있겠죠?

MP3 듣고 따라 말하며 세 번씩 써보기	∩ mp3 019

①

②

③

응용해서 써본 후 MP3 듣고 따라 말하기	∩ mp3 020

① TV 좀 꺼 줄래?

→

② 창문 좀 닫아 줄래? [닫다 = cerrar]

→

① ¿Puedes apagar la televisión?

② ¿Puedes cerrar la ventana?

01. 앞서 배운 내용 중 주요 문법 및 표현을 정리해 봅시다.

☐ 주요 동사 및 관련 표현 총정리

querer 원하다	querer+사물 = ~을 원하다 querer+a 사람 = ~을 좋아하다·사랑하다 querer+동사 원형 = ~하고 싶다
preferir 선호하다	preferir+명사/동사 원형 = ~을/~하기를 선호하다 preferir A a B = B보다 A를 선호하다
poder 할 수 있다	poder+동사 원형 = ~할 수 있다; 해도 된다 no poder+동사 원형 = ~할 수 없다; 하면 안 된다 ¿Puedo+동사 원형? = ~해도 될까(요)? ¿Puedes+동사 원형? = ~해 줄래?

☐ 기타 동사 총정리

현재 시제 규칙동사

caminar 걷다   aparcar 주차하다

descansar 쉬다   abrir 열다

quedar 만나다   apagar 끄다

buscar 찾다, 구하다, 검색하다

어간의 e→ie로 변하는 불규칙 동사 (현재 시제 기준)

encender 켜다   cerrar 닫다

어간의 o→ue로 변하는 불규칙 동사 (현재 시제 기준)

dormir 자다

어간의 e→i로 변하는 불규칙 동사 (현재 시제 기준)

seguir 따르다; 쫓다; 계속하다

(현재 시제 기준)

	어간의 e→ie	
	querer	preferir
yo	quiero	prefiero
tú	quieres	prefieres
él, ella, usted	quiere	prefiere
nosotros/-as	queremos	preferimos
vosotros/-as	queréis	preferís
ellos, ellas, ustedes	quieren	prefieren
	encender	cerrar
yo	enciendo	cierro
tú	enciendes	cierras
él, ella, usted	enciende	cierra
nosotros/-as	encendemos	cerramos
vosotros/-as	encendéis	cerráis
ellos, ellas, ustedes	encienden	cierran

	어간의 o→ue		어간의 e→i
	poder	dormir	seguir
yo	puedo	duermo	sigo
tú	puedes	duermes	sigues
él, ella, usted	puede	duerme	sigue
nosotros/-as	podemos	dormimos	seguimos
vosotros/-as	podéis	dormís	seguís
ellos, ellas, ustedes	pueden	duermen	siguen

(정답 p.043)

02. 아래의 한국어 문장들을 스페인어로 직접 작문해 보도록 하세요.

① 나는 오렌지 주스 한 잔을 원해.

→

② 나는 쿠바로 휴가 가고 싶어.

→

③ 나는 계속 공부하고 싶어.

→

④ 나는 산보다 바다를 선호해.

→

⑤ 나는 달리는 것보다 빨리 걷는 것을 선호해.

→

⑥ 나는 너 없이 살 수 없어.

→

⑦ 이제 우리는 쉴 수 있어.

→

⑧ 여기서 너 큰 소리로 말하면 안 돼.

→

⑨ 제가 여기서 사진을 찍어도 될까요?

→

⑩ 불 좀 꺼 줄래?

→

① Quiero un zumo de naranja.

② Quiero ir de vacaciones a Cuba.

③ Quiero seguir estudiando.

④ Prefiero el mar a la montaña.

⑤ Prefiero caminar rápido a correr.

⑥ No puedo vivir sin ti.

⑦ Ya podemos descansar.

⑧ Aquí no puedes hablar en voz alta.

⑨ ¿Puedo hacer fotos aquí?

⑩ ¿Puedes apagar la luz?

MEMO 틀린 문장이 있을 경우 아래에 몇 번씩 반복해서 써보세요.

LECCIÓN 02

소유, 의무에 대해 말하기

──── Tengo **dos entradas para El Clásico.** ────

나 엘 클라시코 입장권 두 장이 있어.

① tener = 가지다 (어간의 e→ie로 불규칙 변화 : 현재 시제 기준)

(yo) tengo (teno가 아니라 tengo) | (tú) tienes | (él, ella, usted) tiene
(nosotros/-as) tenemos | (vosotros/-as) tenéis | (ellos, ellas, ustedes) tienen

② f. entrada = 입장권 / para = ~을 위해, ~을 위한

Tengo dos entradas para El Clásico.

= 나 엘 클라시코(레알마드리드와 FC바르셀로나의 축구 경기) 입장권 두 장이 있어.

MP3 듣고 따라 말하며 세 번씩 써보기   🎧 mp3 021

① _____

② _____

③ _____

응용해서 써본 후 MP3 듣고 따라 말하기   🎧 mp3 022

① 너는 여자 친구가 있니?

→ _____

② 뻬드로는 (남자) 조카 3명이 있어. [조카 = m.f. sobrino/-a]

→ _____

① ¿Tienes novia?

② Pedro tiene tres sobrinos.

Mi casa no tiene ascensor.

우리 집은 엘리베이터가 없어.

---

① 앞서 배웠듯 tener 동사는 아래의 주어에서 불규칙 변화하므로 주의해야 합니다.

(주어가 yo) teno가 아니라 tengo / (주어가 tú) tenes가 아니라 tienes

(주어가 él, ella, usted) tene가 아니라 tiene

(주어가 ellos, ellas, ustedes) tenen이 아니라 tienen

② m. ascensor = 엘리베이터

Mi casa no tiene ascensor. = 우리 집은 엘리베이터가 없어.

MP3 듣고 따라 말하며 세 번씩 써보기	∩ mp3 023

①

②

③

응용해서 써본 후 MP3 듣고 따라 말하기	∩ mp3 024

① 나는 짧은 머리를 가지고 있어. [머리카락 = m. pelo, 짧은 = corto/-a]

→

② 마리아는 긴 머리를 가지고 있어. [긴 = largo/-a]

→

---

① Tengo el pelo corto.

② María tiene el pelo largo.

— Mi hermano menor tiene veintisiete años. —

내 남동생은 27살이야.

① m. año = 해, 년(年) → tener+숫자+año(s) = ~살이다

menor = 나이가 더 어린 → hermano/-a menor = 나이가 더 어린 형제/자매

→ 위의 말은 결국 '남동생, 여동생'을 뜻하는 표현입니다.

Mi hermano menor tiene veintisiete años. = 내 남동생은 27살이야.

② uno(1)가 합성된 숫자는 남성 명사 앞에서 uno의 o가 탈락됩니다.

Tengo veintiún/treinta y un años. = 나는 21/31살이야.

MP3 듣고 따라 말하며 세 번씩 써보기	∩ mp3 025

①

②

③

응용해서 써본 후 MP3 듣고 따라 말하기	∩ mp3 026

① 우리 아버지는 61세이셔.

→

② 우리 오빠는 39살이야. [오빠, 형, 언니, 누나 = hermano/-a mayor(나이가 더 많은)]

→

---

① Mi padre tiene sesenta y un años.

② Mi hermano mayor tiene treinta y nueve años.

—————— Tengo hambre. ——————

나 배고파.

① tener 동사는 명사와 결합되어 관용적인 표현으로 사용될 수 있습니다.

  m. calor = 더위 → tener+calor = 더위를 갖고 있다 → 덥다

  m. frío = 추위 → tener+frío = 추위를 갖고 있다 → 춥다

  f. sed = 갈증 → tener+sed = 갈증을 갖고 있다 → 목마르다

② f. hambre = 배고픔 → tener+hambre = 배고픔을 갖고 있다 → 배고프다

  Tengo hambre. = 나 배고픔을 갖고 있어. → 나 배고파.

MP3 듣고 따라 말하며 세 번씩 써보기	🎧 mp3 027
①	
②	
③	

응용해서 써본 후 MP3 듣고 따라 말하기	🎧 mp3 028
① 나는 목마르지 않아.	
→	
② 너는 춥니?	
→	

① No tengo sed.
② ¿Tienes frío?

——— Tengo **mucho** sueño. ———

나 **정말** 졸려.

① 'tener+명사'를 활용한 다른 관용 표현들을 추가로 배워 봅시다.

   m. sueño = 꿈, 졸음 → tener+<u>sueño</u> = 졸리다

   m. miedo = 무서움 → tener+<u>miedo</u> = 무섭다

   f. prisa = 서두름, 급함 → tener+<u>prisa</u> = 급하다

② mucho/-a+명사 = 많은 ~ (mucho/-a는 뒤에 나오는 명사에 성·수를 맞춤)

   Tengo <u>mucho sueño</u>. = 나 정말 졸려.

MP3 듣고 따라 말하며 세 번씩 써보기   🎧 mp3 029

①

②

③

응용해서 써본 후 MP3 듣고 따라 말하기   🎧 mp3 030

① 우리는 정말 무서워.

   →

② 나는 정말 급해.

   →

---

① Tenemos mucho miedo.

② Tengo mucha prisa.

Tengo ganas de dormir **todo el día.**

나 하루 종일 자고 싶어.

① f. gana = 의욕

tener (muchas) ganas de 동사 원형 = ~하는 것에 (많은) 의욕이 있다

→ 위의 말은 결국 '(정말) ~하고 싶다'라는 의미로 해석 가능합니다.

② dormir = 자다 / todo el día = 하루 종일

Tengo ganas de dormir todo el día. = 나 하루 종일 자고 싶어.

Tengo muchas ganas de ir a México. = 나 정말 멕시코에 가고 싶어.

MP3 듣고 따라 말하며 세 번씩 써보기 🎧 mp3 031

①

②

③

응용해서 써본 후 MP3 듣고 따라 말하기 🎧 mp3 032

① 나 집에서 쉬고 싶어.

→

② 나 정말 스페인으로 돌아가고 싶어. [돌아가다, 돌아오다 = volver]

→

---

① Tengo ganas de descansar en casa.

② Tengo muchas ganas de volver a España.

—————— Tengo alergia **al polen.** ——————

나 **꽃가루** 알레르기가 있어.

① f. alergia = 알레르기

tener alergia a ~ = ~에 알레르기가 있다

*전치사 a 뒤에 남성 단수 정관사 el이 오면 'a+el→al로 축약됩니다.

② m. polvo = 먼지 / m. polen = 꽃가루

Mi marido tiene alergia al polvo. = 내 남편은 먼지(에) 알레르기가 있어.

Tengo alergia al polen. = 나 꽃가루(에) 알레르기가 있어.

MP3 듣고 따라 말하며 세 번씩 써보기　　　　　　　　　　　　🎧 mp3 033

①

②

③

응용해서 써본 후 MP3 듣고 따라 말하기　　　　　　　　　　🎧 mp3 034

① 나는 실패가 두렵지 않아. [~이 무섭다·두렵다 = tener miedo a ~, 실패 = m. fracaso]

→

② 나는 죽는 것이 두려워. [죽다 = morir]

→

---

① No tengo miedo al fracaso.

② Tengo miedo a morir.

Tengo que trabajar **hasta tarde.**

나 늦게까지 일해야 해.

① tener que+동사 원형 = ~해야 한다 → 의무나 필요를 나타냄

comprar = 사다 / m. regalo = 선물

Tengo que **comprar** un regalo. = 나는 선물 하나를 <u>사</u>야 해.

② hasta = ~까지 / tarde = 늦게

→ hasta tarde = 늦게까지

Tengo que **trabajar** hasta tarde. = 나 늦게까지 <u>일해</u>야 해.

MP3 듣고 따라 말하며 세 번씩 써보기	∩ mp3 035

① _____

② _____

③ _____

응용해서 써본 후 MP3 듣고 따라 말하기	∩ mp3 036

① 나는 이번 주 일요일에 우리 부모님을 방문해야 해. [이번 주 일요일(에) = este domingo]

→

② 우리는 집을 청소해야 해. [청소하다 = limpiar]

→

---

① Tengo que visitar a mis padres este domingo.

② Tenemos que limpiar la casa.

No tienes que llevar **traje en la oficina.**

너는 **사무실에서 정장을** 입을 필요 없어.

① no tener que+동사 원형 = ~할 필요가 없다, ~하지 않아도 된다
② llevar = 가지고 가다; (옷, 액세서리 등을) 입고 · 쓰고 · 걸치고 있다

  f. gafa = 안경 / m. traje = 정장
  Pedro siempre lleva gafas. = 뻬드로는 항상 안경을 쓰고 있어.
  No tienes que llevar traje en la oficina.
  = 너는 사무실에서 정장을 입을 필요 없어.

MP3 듣고 따라 말하며 세 번씩 써보기	∩ mp3 037

①

②

③

응용해서 써본 후 MP3 듣고 따라 말하기	∩ mp3 038

① 너 설거지할 필요 없어. [설거지를 하다 = fregar los platos]

  →

② 내일 우리는 학교에 갈 필요 없어. [학교 = m. colegio]

  →

① No tienes que fregar los platos.
② Mañana no tenemos que ir al colegio.

Antes de correr hay que hacer estiramientos.

달리기 전에 스트레칭을 해야 해.

① hay que+동사 원형 = ~해야 한다 → 특별한 인칭 없이 누구에게나 적용되는 일반적인 의무 및 필요한 일을 말할 때 사용합니다.

② m. estiramiento = 스트레칭 → hacer estiramientos = 스트레칭을 하다

antes de+동사 원형 = ~하기 전에 → antes de correr = 달리기 전에

Antes de correr hay que hacer estiramientos.

= 달리기 전에 스트레칭을 해야 해.

MP3 듣고 따라 말하며 세 번씩 써보기	⏵ mp3 039

① _____

② _____

③ _____

응용해서 써본 후 MP3 듣고 따라 말하기	⏵ mp3 040

① 천천히 먹어야 해. [천천히 = despacio]

→ _____

② 들어가기 위해서는 줄을 서야 해. [줄을 서다 = hacer cola, 들어가다 = entrar]

→ _____

---

① Hay que comer despacio.

② Hay que hacer cola para entrar.

01. 앞서 배운 내용 중 주요 문법 및 표현을 정리해 봅시다.

☐ tener 동사 & 활용법 총정리

tener 가지다 (불규칙 변화 동사)			
yo	tengo	nosotros/-as	tenemos
tú	tienes	vosotros/-as	tenéis
él, ella, usted	tiene	ellos, ellas, ustedes	tienen

*tener 동사의 경우, 1인칭 단수 주어일 때 어간은 불규칙 변화하지 않지만
끝 부분이 -go로 바뀌니 이 점에 주의해야 합니다.

① tener+명사 = ~을 가지고 있다

Tengo dos entradas para El Clásico.

= 나 엘 클라시코 입장권 두 장이 있어.

② tener+숫자+año(s) = ~살이다

Mi hermano menor tiene veintisiete años.

= 내 남동생은 27살이야.

③ tener+hambre/calor/frío/sed/sueño/miedo/prisa

= 배고프다/덥다/춥다/목마르다/졸리다/무섭다/급하다

Tengo hambre. = 나 배고파.

Tengo mucho sueño. = 나 정말 졸려.

④ tener ganas de 동사 원형 = ~할 의욕을 가지고 있다; ~하고 싶다

Tengo ganas de dormir todo el día. = 나 하루 종일 자고 싶어.

⑤ tener alergia a ~ = ~에 알레르기가 있다

Tengo alergia al polen. = 나 꽃가루 알레르기가 있어.

⑥ tener que+동사 원형 = ~해야 한다

*hay que+동사 원형 = ~해야 한다 (일반적인 개념에서의 의무 표현)

Tengo que trabajar hasta tarde. = 나 늦게까지 일해야 해.

*Antes de correr hay que hacer estiramientos.

= 달리기 전에 스트레칭을 해야 해.

□ 그밖의 주요 동사 총정리

현재 시제 규칙동사

llevar 가지고 가다; (옷, 액세서리 등을) 입고·쓰고·걸치고 있다

visitar 방문하다　　　　　　entrar 들어가다　　　　　　limpiar 청소하다

어간의 e→ie로 변하는 불규칙 동사 (현재 시제 기준)

fregar 문질러 씻다

어간의 o→ue로 변하는 불규칙 동사 (현재 시제 기준)

volver 돌아가다, 돌아오다

□ 불규칙 변화 동사 총정리

(현재 시제 기준)

	어간의 e→ie	어간의 o→ue
	fregar	volver
yo	friego	vuelvo
tú	friegas	vuelves
él, ella, usted	friega	vuelve
nosotros/-as	fregamos	volvemos
vosotros/-as	fregáis	volvéis
ellos, ellas, ustedes	friegan	vuelven

① 나는 (여자) 조카 2명이 있어.

→

② 마리아는 긴 머리를 가지고 있어.

→

③ 내 남동생은 27살이야.

→

④ 너 배고프니?

→

⑤ 나 정말 졸려.

→

⑥ 나 하루 종일 자고 싶어. (tener ganas de ~ 활용)

→

⑦ 나 꽃가루 알레르기가 있어.

→

⑧ 나 늦게까지 일해야 해.

→

⑨ 너는 사무실에서 정장을 입을 필요 없어.

→

⑩ 달리기 전에 스트레칭을 해야 해.

→

① Tengo dos sobrinas.

② María tiene el pelo largo.

③ Mi hermano menor tiene veintisiete años.

④ ¿Tienes hambre?

⑤ Tengo mucho sueño.

⑥ Tengo ganas de dormir todo el día.

⑦ Tengo alergia al polen.

⑧ Tengo que trabajar hasta tarde.

⑨ No tienes que llevar traje en la oficina.

⑩ Antes de correr hay que hacer estiramientos.

MEMO 틀린 문장이 있을 경우 아래에 몇 번씩 반복해서 써보세요.

LECCIÓN 03

목적격 대명사로
말하기

— Te amo. —

나는 너를 사랑해.

①
| 직접 목적격 | me 나를 | te 너를 | lo/la 그를, 그녀를, 당신을 |
| 대명사 | nos 우리를 | os 너희를 | los/las 그들을, 그녀들을, 당신들을 |

② [어순] (no)+직접 목적격 대명사+활용된(형태가 변형된) 동사

(Yo) Te amo(현재 시제, 주어가 yo일 때의 형태). = 나는 너를 사랑해.

¿(Tú) Me amas(현재 시제, 주어가 tú일 때의 형태)? = 너는 나를 사랑하니?

(Yo) No te amo. = 나는 너를 사랑하지 않아.

MP3 듣고 따라 말하며 세 번씩 써보기	🎧 mp3 041

①

②

③

응용해서 써본 후 MP3 듣고 따라 말하기	🎧 mp3 042

① 너는 후안을 사랑하니? - 아니, 나는 그를 사랑하지 않아. [querer 동사 활용]

→

② 너는 너의 부모님을 사랑하니? - 응, 나는 그들을 많이 사랑해. [querer 동사 활용]

→

① ¿Quieres a Juan? - No, no lo quiero.

② ¿Quieres a tus padres? - Sí, los quiero mucho.

¿Me recuerdas?

너 나를 기억하니?

① recordar = 기억하다 (어간의 o→ue로 불규칙 변화 : 현재 시제 기준)

> (yo) recuerdo | (tú) recuerdas | (él, ella, usted) recuerda |
> (nosotros/-as) recordamos | (vosotros/-as) recordáis | (ellos, ellas, ustedes) recuerdan

② 앞서 직접 목적격 대명사는 '활용된 동사' 앞에 온다고 배웠습니다.

> ¿(Tú) Me recuerdas? = 너 나를 기억하니?
>
> Sí, (yo) te recuerdo. = 응, 나는 너를 기억해.

MP3 듣고 따라 말하며 세 번씩 써보기　　　　　　　　　🎧 mp3 043

①

②

③

응용해서 써본 후 MP3 듣고 따라 말하기　　　　　　　　🎧 mp3 044

① 너는 다니엘을 많이 보니? - 아니, 나는 그를 많이 보지 않아. [보다 = ver]

→

② 너 마리아를 아니? - 응, 나는 그녀를 알아. [(경험을 통해) 알다 = conocer]

→

> ① ¿Ves mucho a Daniel? - No, no lo veo mucho.
>
> ② ¿Conoces a María? - Sí, la conozco.

¿Tienes el libro de Pablo? - Sí, lo tengo.

너 빠블로의 책 가지고 있니? - 응, 나는 그것을 가지고 있어.

① 직접 목적격 대명사 '3인칭 형태'는 아래와 같이 사물을 받을 수도 있습니다.

(받는 사물의 성·수에 따라 lo/la/los/las 중 적합한 형태를 취해서 사용)

me 나를	te 너를	lo/la 그를, 그녀를, 당신을, 그것을
nos 우리를	os 너희를	los/las 그들을, 그녀들을, 당신들을, 그것들을

② ¿Tienes el libro de Pablo? = 너 빠블로의 책을 가지고 있니?

Sí, (yo) lo tengo. = 응, 나는 그것을 가지고 있어.

MP3 듣고 따라 말하며 세 번씩 써보기   🎧 mp3 045

①

②

③

응용해서 써본 후 MP3 듣고 따라 말하기   🎧 mp3 046

① 너 이 여행 가방 필요하니? - 응, 나는 그것을 필요로 해. [필요하다 = necesitar]

→

② 너 이 사진들 필요하니? - 아니, 나는 그것들을 필요로 하지 않아. [사진 = f. foto]

→

---

① ¿Necesitas esta maleta? - Sí, la necesito.

② ¿Necesitas estas fotos? - No, no las necesito.

¿Me pasas la sal?

나에게 소금을 건네줄래?

① '간접 목적격 대명사'의 형태 및 어순은 아래와 같습니다.

[어순] (no)+간접 목적격 대명사+활용된(형태가 변형된) 동사

me 나에게	te 너에게	le 그·그녀·당신·그것에게
nos 우리에게	os 너희에게	les 그들·그녀들·당신들·그것들에게

② pasar = 건네다 / f. sal = 소금 / por favor = 명령, 부탁을 할 때 사용

¿(Tú) Me pasas la sal, (por favor)? = 나에게 소금 좀 건네줄래?

MP3 듣고 따라 말하며 세 번씩 써보기   🎧 mp3 047

① _____

② _____

③ _____

응용해서 써본 후 MP3 듣고 따라 말하기   🎧 mp3 048

① 나에게 껌 하나 줄래? [주다 = dar(p.074 참고), 껌 = m. chicle]

→

② 너에게 내 전화번호를 줄게. [전화번호 = número de teléfono]

→

---

① ¿Me das un chicle?

② Te doy mi número de teléfono.

Te recomiendo esta película.

너에게 이 영화를 추천해.

① recomendar = 추천하다 (어간의 e→ie로 불규칙 변화 : 현재 시제 기준)

> (yo) recomiendo | (tú) recomiendas | (él, ella, usted) recomienda | (nosotros/-as)
> recomendamos | (vosotros/-as) recomendáis | (ellos, ellas, ustedes) recomiendan

② (Yo) Te recomiendo esta película. = 너에게 이 영화를 추천해.

¿(Tú) Me recomiendas una canción española? (f. canción = 노래)

= 나에게 스페인 노래 하나 추천해 줄래?

MP3 듣고 따라 말하며 세 번씩 써보기 ∩ mp3 049

①

②

③

응용해서 써본 후 MP3 듣고 따라 말하기 ∩ mp3 050

① 나에게 수건 하나만 가져다 줄래? [가져오다 = traer(p.074 참고), 수건 = f. toalla]

→

② 저에게 메뉴판을 가져다 주시겠어요? [메뉴판 = f. carta]

→

---

① ¿Me traes una toalla?

② ¿Me trae la carta?

No te digo mentiras.

나는 너에게 거짓말 안 해.

① decir = 말하다 (어간의 e→i로 불규칙 변화 : 현재 시제 기준)

> (yo) digo | (tú) dices | (él, ella, usted) dice |
> (nosotros/-as) decimos | (vosotros/-as) decís | (ellos, ellas, ustedes) dicen

② f. mentira = 거짓말 → decir mentiras = 거짓말하다

(Yo) No te digo mentiras. = 나는 너에게 거짓말 안 해.

*부정문에서 직접·간접 목적격 대명사는 'no' 뒤에 나온다고 배웠었죠?

MP3 듣고 따라 말하며 세 번씩 써보기	🎧 mp3 051

①

②

③

응용해서 써본 후 MP3 듣고 따라 말하기	🎧 mp3 052

① 항상 나는 너에게 진실을 말해. [진실·사실 = f. verdad, 진실을 말하다 = decir la verdad]

→

② 나에게 5유로를 빌려줄래? [빌려주다 = prestar, 유로 = m. euro]

→

---

① Siempre te digo la verdad.

② ¿Me prestas cinco euros?

¿Me devuelves mi chaqueta? - Sí, te la devuelvo.

나에게 내 자켓 돌려줄래? - 응, 너에게 그것을 돌려줄게.

① 직접·간접 목적격 대명사가 함께 사용될 경우의 어순 → [간접-직접]

devolver = 돌려주다 (현재 시제일 때 어간의 o→ue) / f. chaqueta = 자켓

¿Me devuelves mi chaqueta? - Sí, te(간접) la(직접) devuelvo.

= 나에게 내 자켓 돌려 줄래? - 응, 너에게 그것을 돌려줄게.

② '3인칭 간접+3인칭 직접'의 경우, 3인칭 간접 목적격 대명사가 se로 바뀝니다.

(ex) Le lo doy. → Se lo doy. = 그에게 그것을 줄게.

MP3 듣고 따라 말하며 세 번씩 써보기   🎧 mp3 053

①

②

③

응용해서 써본 후 MP3 듣고 따라 말하기   🎧 mp3 054

① 나 네 전화번호가 없어. 나에게 그것을 줄래?

→

② 나에게 너의 차를 빌려줄래? - 응, 너에게 그것을 빌려줄게.

→

---

① No tengo tu número de teléfono. ¿Me lo das?

② ¿Me prestas tu coche? - Sí, te lo presto.

¿Puedes ayudarme?

너 나를 도와줄 수 있니?

① '활용된 동사+동사 원형/현재 분사형'의 경우, 목적격 대명사는 (1) '활용된 동사' 앞에 위치하거
나 (2) '동사 원형/현재 분사형' 바로 뒤에 붙여서 씁니다.

② ayudar = 돕다, 도와주다 / escribir = 쓰다

¿Me puedes ayudar? = ¿Puedes ayudarme? = 너 나를 도와줄 수 있니?

Te estoy escribiendo una carta. = Estoy escribiéndote una carta.

= 나는 너에게 편지 한 통을 쓰고 있어.

MP3 듣고 따라 말하며 세 번씩 써보기	mp3 055

①

②

③

응용해서 써본 후 MP3 듣고 따라 말하기	mp3 056

① 나는 너에게 무언가를 주고 싶어.

→

② 나는 너를 잃고 싶지 않아. [잃다 = perder]

→

---

① Quiero darte algo.

② No quiero perderte.

Quiero invitarte a mi boda.

내 결혼식에 너를 초대하고 싶어.

① invitar = 초대하다 → 직접 목적격 대명사와 <u>invitar</u> 동사를 함께 써서 말하면 '~을 · 를 <u>초대하다</u>'라는 뜻의 표현이 됩니다.

② '동사 원형'이나 '현재 분사형' 뒤에 목적격 대명사를 붙여 쓰는 것이 생소하고 어려울 수 있으니, '동사 원형/현재 분사형+목적격 대명사'의 형태를 연습해 봅시다.

f. boda = 결혼식

Quiero <u>invitar</u>te a mi boda. = 내 결혼식에 너를 초대하고 싶어.

MP3 듣고 따라 말하며 세 번씩 써보기　　　　　　　　🎧 mp3 057

① _____

② _____

③ _____

응용해서 써본 후 MP3 듣고 따라 말하기　　　　　　　　🎧 mp3 058

① 나는 너를 용서할 수 없어. [용서하다 = perdonar]

→ _____

② 너에게 무언가를 물어봐도 돼? [묻다, 질문하다 = preguntar]

→ _____

① No puedo perdonarte.
② ¿Puedo preguntarte algo?

Te **amo** a ti.

나는 너를 **사랑해.**

① (1) 목적격 대명사를 강조하거나 (2) 목적격 대명사가 누구를 지칭하는지 좀 더 명확히 하고자 할 땐 아래와 같은 '목적격 대명사의 중복형'을 함께 써 줍니다.

> a mí, a ti, a él, a ella, a usted,
> a nosotros/-as, a vosotros/-as, a ellos, a ellas, a ustedes

② (1) Te amo a ti. = 나는 너를 사랑해.

　(2) Le devuelvo este libro a él. = 그에게 이 책을 돌려줄게.

MP3 듣고 따라 말하며 세 번씩 써보기	◯ mp3 059

①

②

③

응용해서 써본 후 MP3 듣고 따라 말하기	◯ mp3 060

① 그는 나를 사랑해. [querer 동사 & 중복형 사용]

　→

② 그녀에게 이 여행 가방을 돌려줄게. [devolver 동사 & 중복형 사용]

　→

① Él me quiere a mí.

② Le devuelvo esta maleta a ella.

01. 앞서 배운 내용 중 주요 문법 및 표현을 정리해 봅시다.

□ 목적격 대명사의 형태 & 활용법

목적격 대명사는 '간접 목적격 대명사'와 '직접 목적격 대명사'로 나뉘며, 목적격 대명사의 문장 내 위치 및 활용법은 아래와 같습니다.

① 목적격 대명사의 형태	
직접 목적격 대명사	간접 목적격 대명사
me 나를	me 나에게
te 너를	te 너에게
lo/la 그·그녀·당신·그것을	le 그·그녀·당신·그것에게
nos 우리를	nos 우리에게
os 너희를	os 너희에게
los/las 그들·그녀들·당신들·그것들을	les 그들·그녀들·당신들·그것들에게

② 목적격 대명사의 위치

(no)+목적격 대명사+활용된 동사

(Yo) Te amo. = 나는 너를 사랑해.

¿(Tú) Me recuerdas? = 너 나를 기억하니?

(Yo) No te digo mentiras. = 나는 너에게 거짓말 안 해.

'활용된 동사+동사 원형/현재 분사형'의 경우, 목적격 대명사는 활용된 동사 앞에 놓거나 '원형, 현재 분사형' 바로 뒤에 붙여서 사용합니다.

¿Me puedes ayudar? = ¿Puedes ayudarme?

= 너 나를 도와줄 수 있니?

Te estoy escribiendo una carta. = Estoy escribiéndote una carta.

= 나는 너에게 편지 한 통을 쓰고 있어.

③ 간접·직접 목적격 대명사를 함께 사용할 경우

(1) [간접-직접]의 어순으로 나열하되,

(2) [3인칭 간접+3인칭 직접]일 경우엔 3인칭 간접 목적격 대명사가 se로 바뀜

Te(간접) la(직접) devuelvo. = 너에게 그것을 돌려줄게.

Le lo doy. → Se lo doy. = 그에게 그것을 줄게.

④ 목적격 대명사를 강조할 때

목적격 대명사를 강조하거나 이것이 누구를 지칭하는지 좀 더 명확히 하고자 할 땐 목적격 대명사와 함께 아래와 같은 '목적격 대명사의 중복형'을 써 줍니다.

> a mí, a ti, a él, a ella, a usted,
>
> a nosotros/-as, a vosotros/-as, a ellos, a ellas, a ustedes

Te amo a ti. = 나는 너를 사랑해. (강조)

□ 주요 동사 총정리

현재 시제 규칙동사

necesitar 필요하다	ayudar 돕다, 도와주다	preguntar 묻다, 질문하다
pasar 건네다	invitar 초대하다	perdonar 용서하다	prestar 빌려주다

1인칭 단수 주어일 때 불규칙 변화하는 동사 (현재 시제 기준)

dar 주다   traer 가져오다

어간의 e→ie로 변화하는 불규칙 동사 (현재 시제 기준)

recomendar 추천하다   perder 잃다

어간의 o→ue로 변화하는 불규칙 동사 (현재 시제 기준)

recordar 기억하다   devolver 돌려주다

어간의 e→i로 변화하는 불규칙 동사 (현재 시제 기준)

decir 말하다

☐ 불규칙 변화 동사 총정리

	1인칭 단수 주어일 때 불규칙 변화하는 동사	
	dar	traer
yo	doy	traigo
tú	das	traes
él, ella, usted	da	trae
nosotros/-as	damos	traemos
vosotros/-as	dais	traéis
ellos, ellas, ustedes	dan	traen

	어간의 e→ie	
	recomendar	perder
yo	recomiendo	pierdo
tú	recomiendas	pierdes
él, ella, usted	recomienda	pierde
nosotros/-as	recomendamos	perdemos
vosotros/-as	recomendáis	perdéis
ellos, ellas, ustedes	recomiendan	pierden

	어간의 o→ue		어간의 e→i
	recordar	devolver	decir
yo	recuerdo	devuelvo	digo
tú	recuerdas	devuelves	dices
él, ella, usted	recuerda	devuelve	dice
nosotros/-as	recordamos	devolvemos	decimos
vosotros/-as	recordáis	devolvéis	decís
ellos, ellas, ustedes	recuerdan	devuelven	dicen

① 나는 너를 사랑해. (querer 동사 활용)

→

② 너는 나를 기억하니?

→

③ 너 이 여행 가방 필요하니? - 응, 나는 그것을 필요로 해.

→

④ 나에게 소금을 건네줄래?

→

⑤ 너에게 이 영화를 추천해.

→

⑥ 나에게 5유로를 빌려줄래?

→

⑦ 나 네 전화번호가 없어. 나에게 그것을 줄래?

→

⑧ 나를 도와줄 수 있니?

→

⑨ 내 결혼식에 너를 초대하고 싶어.

→

⑩ 나는 너를 사랑해. (querer 동사 활용, 중복형 사용)

→

① Te quiero.

② ¿Me recuerdas?

③ ¿Necesitas esta maleta? - Sí, la necesito.

④ ¿Me pasas la sal?

⑤ Te recomiendo esta película.

⑥ ¿Me prestas cinco euros?

⑦ No tengo tu número de teléfono. ¿Me lo das?

⑧ ¿Puedes ayudarme?

⑨ Quiero invitarte a mi boda.

⑩ Te quiero a ti.

MEMO 틀린 문장이 있을 경우 아래에 몇 번씩 반복해서 써보세요.

LECCIÓN 04

gustar류 동사로 말하기

— Me gusta la música. —

나는 음악을 좋아해.

① gustar = 마음에 들다, 즐거움을 주다, 좋아하다 (현재 시제 규칙 동사)

간접 목적격 대명사		gustar		주어
~에게	+	마음에 들다	+	~이·가

Me gusta la música . = 나에게 / 마음에 들어 / 음악이 . = 나는 음악을 좋아해.

*gustar류 동사들은 '뒤에 나오는 대상(주어)'에 따라 형태가 변화합니다.

② [부정문] No me gusta la música. = 나는 음악을 안 좋아해.

MP3 듣고 따라 말하며 세 번씩 써보기 　　　　　　　　🎧 mp3 061

①

②

③

응용해서 써본 후 MP3 듣고 따라 말하기 　　　　　　　🎧 mp3 062

① 나는 생선을 안 좋아해. [생선 = m. pescado]

→

② 너는 멕시코 음식을 좋아하니? [음식 = f. comida, 멕시코의 = mexicano/-a]

→

---

① No me gusta el pescado.

② ¿Te gusta la comida mexicana?

¿Te gusta bailar?

너는 춤추는 걸 좋아하니?

---

① 간접 목적격 대명사+gusta+ 동사 원형 = ~에게 ~하는 것이 마음에 들다

위의 말은 결국 '~은 ~하는 걸 좋아하다'라는 의미이며, 위에서 동사 원형은 '3인칭 단수'로 취급

되기 때문에 gustar 동사를 gusta라는 형태로 씁니다.

¿Te gusta bailar(춤추다)? = 너는 춤추는 걸 좋아하니?

② gustar 동사 뒤에 '복수 주어'가 왔을 땐 gustan이라는 형태로 써야 되겠죠?

Me gustan los niños. = 나는 아이들을 좋아해.

MP3 듣고 따라 말하며 세 번씩 써보기   🎧 mp3 063

①

②

③

응용해서 써본 후 MP3 듣고 따라 말하기   🎧 mp3 064

① 우리는 산에 가는 걸 좋아해. [산 = f. montaña]

→

② 나는 공포 영화들을 안 좋아해. [공포 = m. terror → 공포 영화 = película de terror]

→

---

① Nos gusta ir a la montaña.

② No me gustan las películas de terror.

Me gusta escuchar música o leer

en mis ratos libres.

한가할 때 나는 음악을 듣거나 독서하는 걸 좋아해.

① escuchar música = 음악을 듣다 / leer = 읽다, 독서하다

  o = 혹은 → escuchar música o leer = 음악을 듣거나 독서하다

② m. rato = 잠깐, 짧은 시간 / libre = 자유로운; 한가한

  en mis ratos libres = 나의 한가한 짧은 시간에 → 한가할 때; 틈틈이

  Me gusta escuchar música o leer en mis ratos libres.

  = 한가할 때 나는 음악을 듣거나 독서하는 걸 좋아해.

MP3 듣고 따라 말하며 세 번씩 써보기	🎧 mp3 065

①

②

③

응용해서 써본 후 MP3 듣고 따라 말하기	🎧 mp3 066

① 나는 다른 사람들을 도와주는 걸 좋아해. [다른 ~ = otro/-a+명사, 사람 = f. persona]

  →

② 나는 내 식물들을 돌보는 걸 좋아해. [돌보다, 보살피다 = cuidar, 식물 = f. planta]

  →

① Me gusta ayudar a otras personas.

② Me gusta cuidar mis plantas.

- Me encanta **ir al parque de atracciones.** -

나는 놀이공원에 가는 걸 정말 좋아해.

① encantar = 매우 마음에 들다, 매우 좋아하다 (현재 시제 규칙 동사)

간접 목적격 대명사+<u>encantar</u>+ 주어 = ~에게 ~이/~하는 것이 매우 마음에 들다

② m. parque = 공원 / f. atracción = 끌어당기는 것(힘), 매력; 오락 시설

parque <u>de atracciones</u> = 놀이공원

Me encanta ir al parque de atracciones.

= 나에게 놀이공원 가는 것이 매우 마음에 들어. (나는 놀이공원 가는 걸 정말 좋아해.)

MP3 듣고 따라 말하며 세 번씩 써보기	∩ mp3 067

①

②

③

응용해서 써본 후 MP3 듣고 따라 말하기	∩ mp3 068

① 나는 로맨틱 영화들을 정말 좋아해. [로맨틱 영화 = película romántica]

→

② 나는 쇼핑 가는 걸 정말 좋아해.

→

① Me encantan las películas románticas.

② Me encanta ir de compras.

A mí me encantan las canciones españolas.

나는 스페인 노래를 정말 좋아해.

① 간접 목적격 대명사를 강조하거나 이것이 누구를 지칭하는지 좀 더 명확히 하고자 할 땐 목적격 대명사와 함께 '목적격 대명사의 중복형(p.071 참고)'을 함께 써 줍니다.

② f. canción = 노래 → canciones españolas = 스페인 노래들

Me encantan las canciones españolas. = 나는 스페인 노래를 정말 좋아해.

A mí me encantan las canciones españolas.

= [강조] 나는 스페인 노래를 정말 좋아해. (중복형 'a mí'를 함께 써서 강조)

MP3 듣고 따라 말하며 세 번씩 써보기	🎧 mp3 069

①

②

③

응용해서 써본 후 MP3 듣고 따라 말하기	🎧 mp3 070

① 나는 빠에야를 정말 좋아해. (중복형을 사용)

→

② 우리(남성)는 영화관에 가는 걸 정말 좋아해. (중복형을 사용) [영화관 = m. cine]

→

① A mí me encanta la paella.

② A nosotros nos encanta ir al cine.

— A Marta le gusta **aprender idiomas.** —

마르따는 **언어 배우는 걸** 좋아해.

---

① 'mi padre'와 같은 '명사'나 'Alicia'와 같은 '고유 명사'를 포함한 문장은 다음과 같이 말합니다.

  → A+(고유) 명사+간접 목적격 대명사+gustar+ 주어

  = ~에게 ~이/~하는 것이 마음에 들다 → ~은 ~을/~하는 걸 좋아한다

② m. idioma = 언어 → aprender idioma = 언어를 배우다

  A Marta le gusta aprender idiomas. = 마르따는 언어 배우는 걸 좋아해.

  A Marta no le gusta aprender idiomas. = 마르따는 언어 배우는 걸 안 좋아해.

MP3 듣고 따라 말하며 세 번씩 써보기	🎧 mp3 071

①

②

③

응용해서 써본 후 MP3 듣고 따라 말하기	🎧 mp3 072

① 우리 할머니는 꽃들을 좋아하셔. [할머니 = f. abuela, 꽃 = f. flor]

  →

② 다니엘은 테니스 치는 걸 좋아해. [테니스 = m. tenis]

  →

---

① A mi abuela le gustan las flores.

② A Daniel le gusta jugar al tenis.

— A mí tambien. —

나도 그래.

① también = ~도, 또한, 역시 (~하다) / tampoco = ~도 (~ 아니다)

[긍정문에 대한 답] <u>A mí</u> también. = 나에게도 그래. = 나도 그래.

[부정문에 대한 답] <u>A mí</u> tampoco. = 나에게도 아니야. = 나도 안 그래.

② ¿Y a ti? = 그리고 너에게는? = 너는? ('¿Y tú?'라고 하지 않도록 주의)

A: Me gusta el fútbol. <u>¿Y a ti?</u> = 나는 축구를 좋아해. <u>너는?</u>

B: A mí también. = 나도 그래. = 나도 좋아해.

MP3 듣고 따라 말하며 세 번씩 써보기	mp3 073

①

②

③

응용해서 써본 후 MP3 듣고 따라 말하기	mp3 074

① A: 나는 초콜렛을 좋아해. 너는? – B: 나도 좋아해. [초콜렛 = m. chocolate]

→

② A: 나는 TV 보는 것을 안 좋아해. 너는? – B: 나도 안 좋아해.

→

① A: Me gusta el chocolate. ¿Y a ti? – B: A mí también.
② A: No me gusta ver la televisión. ¿Y a ti? – B: A mí tampoco.

— Me apetece **un café.** —

나 커피 한잔이 땡겨.

---

① apetecer = 당기다, ~하고 싶다 (동사 변형 p.089 참고)

② 간접 목적격 대명사+__apetecer__+ 주어 = ~에게 ~이/~하는 것이 당긴다

위의 말은 결국 '~은 ~이 당긴다, ~은 ~하고 싶어 한다'라고 해석 가능합니다.

Me apetece __un café__. = 나 커피 한잔이 땡겨.

Me apetecen __unos macarrones__. = 나 마카롱이 땡겨. (m. macarrón = 마카롱)

Me apetece __comer algo__. = 나는 무언가를 먹고 싶어.

MP3 듣고 따라 말하며 세 번씩 써보기	mp3 075

①

②

③

응용해서 써본 후 MP3 듣고 따라 말하기	mp3 076

① 나는 술 마시러 가고 싶지 않아. [술 마시러 가다, 한잔하러 가다 = ir de copas]

→

② 너 오늘 밤에 외출하고 싶어? [나가다 = salir]

→

---

① No me apetece ir de copas.

② ¿Te apetece salir esta noche?

Me duele mucho la cabeza.

나는 머리가 많이 아파.

① doler = 아프다 (어간의 o→ue로 불규칙 변화 : 현재 시제 기준)

→ doler 동사의 변형은 p.089를 참고하세요.

② 간접 목적격 대명사+doler+ 주어 = ~에게 ~이 아프다 → ~은 ~이 아프다

Me duele la cabeza. = 나는 **머리가** 아파. (f. cabeza = 머리)

Me duele mucho la cabeza. = 나는 **머리가 많이** 아파.

Me duelen mucho las piernas. = 나는 **다리가 많이** 아파. (f. pierna = 다리)

MP3 듣고 따라 말하며 세 번씩 써보기	🎧 mp3 077

①

②

③

응용해서 써본 후 MP3 듣고 따라 말하기	🎧 mp3 078

① 너는 목구멍이 아프니? [목구멍 = f. garganta]

→

② 우리 어머니는 무릎이 아프셔. [무릎 = f. rodilla]

→

① ¿Te duele la garganta?

② A mi madre le duelen las rodillas.

No me interesa nada **la política.**

나는 **정치에** 전혀 관심 없어.

① interesar = 관심을 끌다, 흥미가 있다 (현재 시제 규칙 동사)

간접 목적격 대명사+interesar+ 주어

= ~에게 ~이/~하는 것이 관심을 끌다 → ~은 ~에 관심 있다

f. política = 정치 → Me interesa la política. = 나는 정치에 관심 있어.

② nada = 전혀 (~ 아니다) → no+동사+nada = 전혀 ~하지 않다

No me interesa nada la política. = 나는 정치에 전혀 관심 있지 않아.

MP3 듣고 따라 말하며 세 번씩 써보기	🎧 mp3 079

①

②

③

응용해서 써본 후 MP3 듣고 따라 말하기	🎧 mp3 080

① 너는 아시아 문화에 관심이 있니? [문화 = f. cultura, 아시아의 = asiático/-a]

→

② 마리아는 축구에 전혀 관심이 없어.

→

---

① ¿Te interesa la cultura asiática?

② A María no le interesa nada el fútbol.

01. 앞서 배운 내용 중 주요 문법 및 표현을 정리해 봅시다.

☐ gustar류 동사 & 활용법

간접 목적격 대명사	gustar	주어 (명사/동사 원형)
~에게	마음에 들다	~이·가 / ~하는 것이
me	gusta	el fútbol
te	주어가 3인칭 단수	cantar
le	일 때의 형태	cantar y bailar
nos	gustan	los niños
os	주어가 3인칭 복수	las flores
les	일 때의 형태	el fútbol y el baloncesto

[부정문] No+간접 목적격 대명사+gustar+주어

Me gusta el fútbol. = 나에게 축구가 마음에 들어. = 나는 축구가 좋아.

¿Te gusta cantar? = 너는 노래하는 걸 좋아하니?

Me gusta cantar y bailar. = 나는 노래하고 춤추는 걸 좋아해.

Nos gustan los niños. = 우리는 아이들을 좋아해.

¿Os gustan las flores? = 너희는 꽃을 좋아하니?

Me gustan el fútbol y el baloncesto. = 나는 축구와 농구를 좋아해.

encantar 매우 마음에 들다, 매우 좋아하다 / apetecer 당기다, ~하고 싶다
doler 아프다 / interesar 관심을 끌다, 흥미가 있다

Me encanta la paella. = 나는 빠에야를 정말 좋아해.

Me apetece un café. = 나 커피 한잔이 땡겨.

Me duele mucho la cabeza. = 나는 머리가 많이 아파.

No me interesa nada la política. = 나는 정치에 전혀 관심 없어.

gustar류 동사가 쓰인 문장 내에서 간접 목적격 대명사를 강조할 때		
목적격 대명사의 중복형		**간접 목적격 대명사**
a mí		me
a ti		te
a él, a ella, a usted	+	le
a nosotros/-as		nos
a vosotros/-as		os
a ellos, a ellas, a ustedes		les

A mí me encanta la paella. = 나는 빠에야를 정말 좋아해.

A nosotros nos encanta ir al cine. = 우리는 영화관에 가는 걸 정말 좋아해.

(고유) 명사가 포함된 문장의 경우

[문형] A+(고유) 명사+간접 목적격 대명사+gustar+주어

[예문] A Marta le gusta aprender idiomas. = 마르따는 언어 배우는 걸 좋아해.

□ 불규칙 변화 동사 총정리

(현재 시제 기준)

	1인칭 단수일 때 불규칙	어간의 o→ue
	apetecer	doler
yo	apetezco	duelo
tú	apeteces	dueles
él, ella, usted	apetece	duele
nosotros/-as	apetecemos	dolemos
vosotros/-as	apetecéis	doléis
ellos, ellas, ustedes	apetecen	duelen

02. 아래의 한국어 문장들을 스페인어로 직접 작문해 보도록 하세요.　　　　　(정답 p.091)

① 나는 생선을 좋아하지 않아. (gustar 사용)

　→

② 너는 춤추는 것을 좋아하니? (gustar 사용)

　→

③ 한가할 때 나는 음악을 듣거나 독서하는 걸 좋아해. (gustar 사용)

　→

④ 나는 로맨틱 영화들을 정말 좋아해. (encantar 사용)

　→

⑤ 나는 스페인 노래들을 정말 좋아해. (encantar, 중복형 사용)

　→

⑥ 마르따는 언어 배우는 걸 좋아해. (gustar 사용)

　→

⑦ A: 나는 TV보는 걸 좋아해. 너는? - B: 나도 좋아해. (gustar 사용)

　→

⑧ 나는 커피 한잔이 땡겨. (apetecer 사용)

　→

⑨ 나는 머리가 많이 아파. (doler 사용)

　→

⑩ 나는 정치에 전혀 관심이 없어. (interesar 사용)

　→

① No me gusta el pescado.

② ¿Te gusta bailar?

③ Me gusta escuchar música o leer en mis ratos libres.

④ Me encantan las películas románticas.

⑤ A mí me encantan las canciones españolas.

⑥ A Marta le gusta aprender idiomas.

⑦ A: Me gusta ver la televisión. ¿Y a ti? – B: A mí también.

⑧ Me apetece un café.

⑨ Me duele mucho la cabeza.

⑩ No me interesa nada la política.

MEMO 틀린 문장이 있을 경우 아래에 몇 번씩 반복해서 써보세요.

LECCIÓN 05

비교급, 최상급으로 말하기

Carlos es más rápido que yo.

까를로스는 나보다 더 빨라.

① más/menos+형용사 = 더/덜 ~한

rápido/-a = 빠른 → Carlos es rápido. = 까를로스는 빨라.

Carlos es más rápido. = 까를로스는 더 빨라.

Carlos es menos rápido. = 까를로스는 덜 빨라.

② que = (비교문에서) ~보다

Carlos es más rápido que yo. = 까를로스는 나보다 더 빨라.

MP3 듣고 따라 말하며 세 번씩 써보기	🎧 mp3 081
①	
②	
③	

응용해서 써본 후 MP3 듣고 따라 말하기	🎧 mp3 082

① 뻬드로는 너보다 더 키가 커.

→

② 알리씨아는 나보다 덜 근면해. [근면한 = trabajador/-ra]

→

---

① Pedro es más alto que tú.

② Alicia es menos trabajadora que yo.

DÍA 042 ___월 ___일

Tengo más amigos que María.

나는 마리아보다 더 많은 친구들을 가지고 있어.

---

① 'más·menos'는 형용사뿐 아니라 '명사, 부사'와도 함께 쓰일 수 있습니다.

    más/menos+명사 = 더 많은/더 적은 ~

    más/menos+부사 = 더/덜 ~하게

② m.f. amigo/-a = 친구 → más·menos amigos = 더 많은·더 적은 친구들

    Tengo más amigos que María. = 나는 마리아보다 더 많은 친구들을 가지고 있어.

    → 위의 말은 결국 '나는 마리아보다 친구가 더 많아'라고 해석 가능합니다.

MP3 듣고 따라 말하며 세 번씩 써보기　　　　　🎧 mp3 083

①

②

③

응용해서 써본 후 MP3 듣고 따라 말하기　　　　　🎧 mp3 084

① 빠블로는 너보다 더 많은 돈을 벌어. [돈 = m. dinero → 돈을 벌다 = ganar dinero]

→

② 마르따는 나보다 저녁을 더 늦게 먹어. [늦게 = tarde]

→

---

① Pablo gana más dinero que tú.

② Marta cena más tarde que yo.

—— Ana es mayor que Dana. ——

아나는 다나보다 나이가 더 많아.

① 'grande = 큰, pequeño/-a = 작은'을 활용하여 '크기'와 '나이'를 비교할 때는 아래와 같
이 구분해서 씁니다.

[크기] más grande = 더 큰 / más pequeño/-a = 더 작은

[나이-불규칙] mayor = 나이가 더 많은 / menor = 나이가 더 적은(어린)

→ mayor, menor의 경우 '성'의 구분은 없고 '수'의 구분만 있습니다.

② Ana es mayor/menor que Dana. = 아나는 다나보다 나이가 더 많아/적어.

MP3 듣고 따라 말하며 세 번씩 써보기	🎧 mp3 085

①

②

③

응용해서 써본 후 MP3 듣고 따라 말하기	🎧 mp3 086

① 그는 우리(남성)보다 나이가 더 많아.

→

② 그녀들은 나보다 나이가 더 어려.

→

① Él es mayor que nosotros.

② Ellas son menores que yo.

El café de Colombia es mejor que el de India.

콜롬비아 커피가 인도의 것보다 더 좋아.

① bueno/-a = 좋은 / malo/-a = 나쁜

위 두 형용사의 비교급은 아래와 같이 불규칙한 형태로 변화합니다.

mejor = 더 좋은 / peor = 더 나쁜 → '성'의 구분은 없고 '수'의 구분만 있습니다.

② el de India = 인도의 것(커피) → 정관사 'el'은 '커피(el café)'를 의미합니다.

El café de Colombia es mejor que el de India.

= 콜롬비아의 커피가 인도의 것(커피)보다 더 좋아.

MP3 듣고 따라 말하며 세 번씩 써보기	🎧 mp3 087

①

②

③

응용해서 써본 후 MP3 듣고 따라 말하기	🎧 mp3 088

① 내 자전거가 빠블로의 것보다 더 안 좋아. [자전거 = f. bicicleta]

→

② 내 자동차가 알리씨아의 것보다 더 좋아.

→

① Mi bicicleta es peor que la de Pablo.

② Mi coche es mejor que el de Alicia.

Julia canta mejor que María.

훌리아는 마리아보다 노래를 더 잘해.

① bien = 잘, 좋게 / mal = 서툴게; 나쁘게

위 두 부사의 비교급은 앞서 배웠던 mejor, peor를 써서 말합니다.

동사+mejor/peor = 더 잘(좋게)/더 서툴게(나쁘게) ~하다

Julia canta mejor que María. = 훌리아는 마리아보다 노래를 더 잘해.

② 동사+más/menos = 더 많이/더 적게 ~하다

Pedro trabaja más que tú. = 뻬드로는 너보다 일을 더 많이 해.

| MP3 듣고 따라 말하며 세 번씩 써보기 | ○ mp3 089 |

① _____

② _____

③ _____

| 응용해서 써본 후 MP3 듣고 따라 말하기 | ○ mp3 090 |

① 펠리뻬는 빠블로보다 스페인어를 더 잘 말해.

→ _____

② 다나는 나보다 잠을 더 많이 자.

→ _____

① Felipe habla español mejor que Pablo.

② Dana duerme más que yo.

DÍA 046 ___월 ___일

Felipe es tan guapo como su padre.

펠리뻬는 그의 아버지만큼 잘생겼어.

① tanto = 그렇게 많이 ('형용사·부사' 앞에선 'tan(그렇게)'라는 형태로 사용)

tan+형용사/부사+como ~ = ~처럼(만큼) ~한/~하게

su = [3인칭 소유 형용사] 그(들)의, 그녀(들)의, 당신(들)의

Felipe es tan guapo como su padre. = 펠리뻬는 그의 아버지만큼 잘생겼어.

② 동사+tanto+como ~ = ~만큼 (그렇게 많이) ~하다

Alicia trabaja tanto como tú. = 알리씨아는 너만큼 많이 일을 해.

MP3 듣고 따라 말하며 세 번씩 써보기	∩ mp3 091

①

②

③

응용해서 써본 후 MP3 듣고 따라 말하기	∩ mp3 092

① 다나의 딸들은 그녀만큼 예뻐.

→

② 뻬드로는 훌리오만큼 많이 먹어.

→

① Las hijas de Dana son tan guapas como ella.

② Pedro come tanto como Julio.

—— Tengo tanta hambre como **tú.** ——

나는 너만큼 배고파.

① tanto/-a = (형용사) 그렇게 많은

　tanto/-a/-os/-as+명사+<u>como</u> ~ = ~만큼 (많은) ~

　→ tanto/-a는 뒤에 나오는 명사에 '성·수'를 맞춰 줘야 합니다.

② Tengo tanta hambre <u>como tú</u>. = 나는 너만큼 (많은) 배고픔을 갖고 있어.

　Tengo tantos amigos <u>como ella</u>. = 나는 그녀만큼 (많은) 친구들을 갖고 있어.

　→ 위의 말은 '나는 너만큼 배고파, 난 그녀만큼 친구가 많아'라고 해석 가능합니다.

MP3 듣고 따라 말하며 세 번씩 써보기	🎧 mp3 093
①	
②	
③	

응용해서 써본 후 MP3 듣고 따라 말하기	🎧 mp3 094

① 나는 후안만큼 많은 책들을 가지고 있지 않아.

　→

② 나는 너희(남성)만큼 급해. [급하다 = tener prisa]

　→

> ① No tengo tantos libros como Juan.
>
> ② Tengo tanta prisa como vosotros.

Barcelona es la ciudad más hermosa de España.

바르셀로나는 스페인에서 가장 아름다운 도시야.

---

① el/la/los/las+A(명사)+más+형용사 = 가장 ~한 A

   el/la/los/las+A(명사)+menos+형용사 = 가장 덜 ~한 A

   *위 표현에 'de+명사'를 붙여 말하면 '~(중)에서 가장 (덜) ~한'이라는 뜻이 됩니다.

② f. ciudad = 도시 / hermoso/-a = 아름다운

   Barcelona es la ciudad más hermosa de España.

   = 바르셀로나는 스페인에서 가장 아름다운 도시야.

MP3 듣고 따라 말하며 세 번씩 써보기	🎧 mp3 095

①

②

③

응용해서 써본 후 MP3 듣고 따라 말하기	🎧 mp3 096

① 러시아는 세계에서 가장 큰 나라야. [러시아 = Rusia, 나라 = m. país, 세계·세상 = m. mundo]

   →

② Aconcagua는 칠레에서 가장 긴 강이야. [강 = m. río, 긴 = largo/-a]

   →

---

① Rusia es el país más grande del mundo.

② Aconcagua es el río más largo de Chile.

Mi padre es el más hablador de mi familia.

우리 아버지는 우리 가족 중에서 가장 수다스러우셔.

① el/la/los/las+A(명사)+más+형용사 = 가장 ~한

   el/la/los/las+A(명사)+menos+형용사 = 가장 덜 ~한

   *최상급으로 묘사하는 대상이 명확하거나 사람일 경우 '명사'는 생략 가능합니다.

② hablador/-ra = 수다스러운 / f. familia = 가족

   Mi padre es el más hablador de mi familia.

   = 나의(우리) 아버지는 나의(우리) 가족 중에서 가장 수다스러우셔.

MP3 듣고 따라 말하며 세 번씩 써보기   🎧 mp3 097

①

②

③

응용해서 써본 후 MP3 듣고 따라 말하기   🎧 mp3 098

① 뻬드로는 내 친구들 중에서 가장 근면해.

   →

② 라우라는 세상에서 가장 예뻐.

   →

---

① Pedro es el más trabajador de mis amigos.

② Laura es la más guapa del mundo.

Alicia es la mayor de sus hermanos.

알리씨아는 그녀의 형제들 중에서 가장 나이가 많아.

① 비교급이 불규칙한 형용사의 최상급은 비교급 바로 앞에 정관사를 붙여 말합니다.

(ex) el/la/los/las+mayor(es)/menor(es) = 가장 나이가 많은/적은(어린)

② 소유 형용사는 뒤에 나오는 명사의 '성·수'에 맞춰 형태가 변화합니다.

su (3인칭 소유 형용사) → sus hermanos = 그녀의 형제들

Alicia es la mayor de sus hermanos.

= 알리씨아는 그녀의 형제들 중에서 가장 나이가 많아.

MP3 듣고 따라 말하며 세 번씩 써보기	🎧 mp3 099

①

②

③

응용해서 써본 후 MP3 듣고 따라 말하기	🎧 mp3 100

① 내(여성)가 반에서 제일 어려. [반, 교실 = f. clase]

→

② 라울이 그의 팀에서 가장 나이가 많아. [팀 = m. equipo]

→

① Soy la menor de la clase.

② Raúl es el mayor de su equipo.

La comida mexicana es la mejor del mundo.

멕시코 음식이 세계에서 최고야.

① el/la/los/las+mejor(es)(→bueno/-a의 비교급) = 가장 좋은

el/la/los/las+peor(es)(→malo/-a의 비교급) = 가장 나쁜

→ 위의 말은 결국 '가장 좋은 = 최고의, 가장 나쁜 = 최악의'라고 해석 가능합니다.

② f. comida = 음식 / mexicano/-a = 멕시코의

La comida mexicana es la mejor del mundo.

= 멕시코 음식이 세계에서 최고야.

MP3 듣고 따라 말하며 세 번씩 써보기	🎧 mp3 101
①	
②	
③	

응용해서 써본 후 MP3 듣고 따라 말하기	🎧 mp3 102

① 네(남성)가 세상에서 최고야.

→

② 이 사과들이 스페인에서 최고야. [사과 = f. manzana]

→

① Eres el mejor del mundo.

② Estas manzanas son las mejores de España.

Hoy es el mejor día de mi vida.

오늘이 내 인생에서 최고의 날이야.

① '정관사+mejor(es)/peor(es)' 뒤에 명사를 붙여 말하면 아래와 같은 뜻이 됩니다.

   el/la/los/las+mejor(es)+A(명사) = 최고의 A

   el/la/los/las+peor(es)+A(명사) = 최악의 A

   m. día = 날; 하루 → el mejor/peor día = 최고의/최악의 날

② hoy = 오늘 / f. vida = 인생, 삶

   Hoy es el mejor día de mi vida. = 오늘이 내 인생에서 최고의 날이야.

MP3 듣고 따라 말하며 세 번씩 써보기	🎧 mp3 103

①

②

③

응용해서 써본 후 MP3 듣고 따라 말하기	🎧 mp3 104

① 그는 세상에서 가장 좋은 아버지야.

→

② 그녀는 그녀의 팀에서 최악의 선수야. [선수 = m.f. jugador/-ra]

→

---

① Él es el mejor padre del mundo.

② Ella es la peor jugadora de su equipo.

01. 앞서 배운 내용 중 주요 문법 및 표현을 정리해 봅시다.

☐ 비교급 & 최상급

비교급		
우등 비교	más+형용사/부사+que A = A보다 더 ~한/하게	
	más+명사+que A = A보다 더 많은 ~	
	동사+más+que A = A보다 더 많이 ~하다	
열등 비교	menos+형용사/부사+que A = A보다 덜 ~한/하게	
	menos+명사+que A = A보다 더 적은 ~	
	동사+menos+que A = A보다 더 적게 ~하다	
동등 비교	tan+형용사+como A = A처럼/만큼 ~한	
	tan+부사+como A = A처럼/만큼 ~하게	
	동사+tanto+como A = A처럼/만큼 (그렇게 많이) ~하다	
	tanto/-a/-os/-as+명사+como A = A처럼/만큼 (많은) ~	
más/menos가 붙지 않고 비교급이 불규칙하게 변하는 동사		
grande (큰)	→	mayor (나이가 더 많은)
pequeño/-a (작은)	→	menor (나이가 더 어린)
bueno/-a (좋은) bien (잘, 좋게)	→	mejor (더 좋은; 더 잘, 더 좋게)
malo/-a (나쁜) mal (서툴게; 나쁘게)	→	peor (더 나쁜; 더 서툴게; 더 나쁘게)
최상급		
el/la/los/las+A(명사)+más+형용사 = 가장 ~한 A		
el/la/los/las+A(명사)+menos+형용사 = 가장 덜 ~한 A		
→ 최상급으로 묘사하는 대상이 명확하거나 사람일 경우 '명사'는 생략 가능합니다.		

02. 아래의 한국어 문장들을 스페인어로 직접 작문해 보도록 하세요. (정답 p.108)

① 뻬드로는 너보다 더 키가 커.

→

② 나는 마리아보다 더 많은 친구들을 가지고 있어.

→

③ 아나는 다나보다 나이가 더 많아.

→

④ 콜롬비아 커피가 인도의 것보다 더 좋아.

→

⑤ 훌리아는 마리아보다 노래를 더 잘해.

→

⑥ 펠리뻬는 그의 아버지만큼 잘생겼어.

→

⑦ 나는 너만큼 배고파.

→

⑧ 우리 아버지는 우리 가족 중에서 가장 수다스러우셔.

→

⑨ 알리씨아는 그의 형제들 중에서 가장 나이가 많아.

→

⑩ 오늘이 내 인생에서 최고의 날이야.

→

① Pedro es más alto que tú.

② Tengo más amigos que María.

③ Ana es mayor que Dana.

④ El café de Colombia es mejor que el de India.

⑤ Julia canta mejor que María.

⑥ Felipe es tan guapo como su padre.

⑦ Tengo tanta hambre como tú.

⑧ Mi padre es el más hablador de mi familia.

⑨ Alicia es la mayor de sus hermanos.

⑩ Hoy es el mejor día de mi vida.

MEMO 틀린 문장이 있을 경우 아래에 몇 번씩 반복해서 써보세요.

LECCIÓN 06

날씨, 기간에 대해 말하기

— Hace **mucho** calor. —

날씨가 **많이** 더워.

① hacer 동사의 '3인칭 단수형'으로 아래와 같이 날씨를 묘사할 수 있습니다.

Hace+명사(날씨). = 날씨가 ~하다.

m. calor = 더위 / m. frío = 추위 / m. fresco = 선선함

Hace <u>calor/frío/fresco</u>. = 날씨가 <u>덥다/춥다/선선</u>하다.

② mucho/-a = 많은 → Hace+mucho+명사(날씨). = 날씨가 많이 ~하다.

Hace mucho calor. = 날씨가 많이 더워.

MP3 듣고 따라 말하며 세 번씩 써보기	🎧 mp3 105

①

②

③

응용해서 써본 후 MP3 듣고 따라 말하기	🎧 mp3 106

① 날씨가 바람이 많이 불어. [바람 = m. viento]

→

② 날씨가 정말 화창해. [태양 = m. sol]

→

---

① Hace mucho viento.

② Hace mucho sol.

Casi siempre hace buen tiempo.

거의 항상 날씨가 좋아.

① m. tiempo = 시간; 날씨 / bueno/-a = 좋은 / malo/-a = 나쁜

buen tiempo = 좋은 날씨 / mal tiempo = 나쁜 날씨

→ 형용사 bueno, malo는 남성 단수 명사 앞에 올 때 어미의 o가 탈락됩니다.

Hace (muy) buen tiempo/mal tiempo. = 날씨가 (매우) 좋다/나쁘다.

② casi = 거의 / casi siempre = 거의 항상

Casi siempre hace buen tiempo. = 거의 항상 날씨가 좋아.

MP3 듣고 따라 말하며 세 번씩 써보기   🎧 mp3 107

①

②

③

응용해서 써본 후 MP3 듣고 따라 말하기   🎧 mp3 108

① 오늘 날씨가 정말 좋아! [오늘 = hoy]

→

② 1월에는 거의 항상 날씨가 나빠. [1월 = enero]

→

---

① ¡Hoy hace muy buen tiempo!

② Casi siempre hace mal tiempo en enero.

Llueve mucho.

비가 **많이** 와.

---

① llover = 비가 오다 (어간의 o→ue로 불규칙 변화 : 현재 시제 기준)

'비가 온다'고 말할 땐 'llover 동사의 '3인칭 단수형'을 사용해서 말합니다.

Llueve. = 비가 와.

② mucho = 많이 / un poco = 조금, 약간

Llueve <u>mucho</u>. = 비가 **많이** 와.

Llueve <u>un poco</u>. = 비가 **조금** 와.

MP3 듣고 따라 말하며 세 번씩 써보기	🎧 mp3 109

①

②

③

응용해서 써본 후 MP3 듣고 따라 말하기	🎧 mp3 110

① 여름에는 날씨가 덥고 비가 자주 와. [여름 = m. verano, 자주 = a menudo]

→

② 겨울에는 날씨가 춥고 가끔 비가 와. [겨울 = m. invierno, 가끔 = a veces]

→

---

① Hace calor y llueve a menudo en verano.

② Hace frío y llueve a veces en invierno.

Casi nunca nieva **en Barcelona.**

바르셀로나에는 거의 눈이 안 **와.**

---

① nevar = 눈이 오다 (어간의 e→ie로 불규칙 변화 : 현재 시제 기준)

'눈이 온다'고 말할 땐 'nevar 동사의 '3인칭 단수형'을 사용해서 말합니다.

Nieva. = 눈이 와.

② no+동사+casi nunca = casi nunca+동사 = 거의 ~ 않다

No nieva casi nunca en Barcelona. = 바르셀로나에는 거의 눈이 안 와.

Casi nunca nieva en Barcelona. = 바르셀로나에는 거의 눈이 안 와.

MP3 듣고 따라 말하며 세 번씩 써보기	🎧 mp3 111

①

②

③

응용해서 써본 후 MP3 듣고 따라 말하기	🎧 mp3 112

① 겨울에는 거의 비가 안 와.

→

② 코스타리카는 거의 춥지 않아. [코스타리카 = Costa Rica]

→

---

① No llueve casi nunca(= Casi nunca llueve) en invierno.

② No hace frío casi nunca(= Casi nunca hace frío) en Costa Rica.

Está nublado y hay niebla.

날씨가 흐리고 안개가 꼈어.

① estar 동사의 '3인칭 단수형(está)'과 hay 동사로도 날씨를 묘사할 수 있습니다.

　　Está+형용사(날씨). = 날씨가 ~(인 상태)이다.

　　Hay+명사(안개·구름 등). = ~(안개·구름 등)이 있다.

② nublado/-a = 흐린 → Está nublado. = 날씨가 흐리다.

　　f. niebla = 안개 → Hay niebla. = 안개가 있다(꼈다).

　　Está nublado y hay niebla. = 날씨가 흐리고 안개가 꼈어.

MP3 듣고 따라 말하며 세 번씩 써보기	∩ mp3 113

①

②

③

응용해서 써본 후 MP3 듣고 따라 말하기	∩ mp3 114

① 날씨가 맑게 개었고 화창해. [맑은, 청명한, 맑게 갠 = despejado/-a]

　　→

② 구름이 있고 바람이 불어. [구름 = f. nube]

　　→

① Está despejado y hace sol.

② Hay nubes y hace viento.

No veo a Luisa desde el año pasado.

나는 작년부터 루이사를 못 봤어.

① pasado/-a = 지난, 과거의

   f. semana = 주 → la semana pasada = 지난주(에)

   m. mes = 달 → el mes pasado = 지난달(에)

   m. año = 해, 년 → el año pasado = 지난해(에) = 작년(에)

② desde = ~부터 → 문장(현재 시제)+desde+시점. = ~부터 ~하다.

   No veo a Luisa desde el año pasado. = 나는 작년부터 루이사를 못 봤어.

MP3 듣고 따라 말하며 세 번씩 써보기	🎧 mp3 115

①

②

③

응용해서 써본 후 MP3 듣고 따라 말하기	🎧 mp3 116

① 지난주부터 나는 이 은행에서 일해. [은행 = m. banco]

  →

② 지난달부터 나는 담배를 안 피워. [담배를 피우다 = fumar]

  →

① Trabajo en este banco desde la semana pasada.

② No fumo desde el mes pasado.

DÍA 059 ___월 ___일

Amanda no me llama desde Navidad.

크리스마스부터 아만다는 나한테 전화하지 않고 있어.

---

① desde <u>ayer/el lunes/2000/agosto/Navidad</u>

= <u>어제/월요일/2000년/8월/크리스마스</u>부터

② llamar = 부르다; 전화하다 (현재 시제 규칙 동사) → 직접 목적격 대명사와 llamar 동사를 함께 써서 말하면 '~을 전화로 부르다 = ~에게 전화하다'라는 뜻이 됩니다.

Amanda no me llama desde Navidad.

= <u>크리스마스</u>부터 아만다는 나한테 전화하지 않고 있어.

MP3 듣고 따라 말하며 세 번씩 써보기	∩ mp3 117
①	
②	
③	

응용해서 써본 후 MP3 듣고 따라 말하기	∩ mp3 118

① 5월부터 나는 영화관에 가지 않았어. [5월 = m. mayo]

→

② 2010년부터 나는 뻬드로를 알고 (지내고) 있어. [(경험을 통해) 알다 = conocer]

→

---

① No voy al cine desde mayo.

② Conozco a Pedro desde 2010.

Daniel y yo somos amigos

desde hace mucho tiempo.

다니엘과 나는 오래전부터 친구야.

① hace = ~ 전(에) → desde hace+기간 = ~ 전부터

　desde hace una semana/dos meses/tres años = 일주일/2달/3년 전부터

② 문장(현재 시제)+desde hace+기간. = ~ 전부터 ~하다.

　m. tiempo = 시간 / desde hace mucho tiempo = 오랜 시간 전부터

　Daniel y yo somos amigos desde hace mucho tiempo.

　= 다니엘과 나는 오랜 시간 전부터(오래전부터) 친구야.

MP3 듣고 따라 말하며 세 번씩 써보기 　　　　　　　　　　🎧 mp3 119

① _____

② _____

③ _____

응용해서 써본 후 MP3 듣고 따라 말하기 　　　　　　　　　　🎧 mp3 120

① 5년 전부터 우리 부모님은 휴가가 없으셔. [휴가 = f. vacación (주로 복수로 사용)]

　→ _____

② 알리씨아는 한 달 전부터 운전을 하지 않고 있어. [운전하다 = conducir]

　→ _____

---

① Mis padres no tienen vacaciones desde hace cinco años.

② Alicia no conduce desde hace un mes.

Hace dos meses **que no llevo gafas.**

나는 안경을 안 쓴 지 2달 됐어.

① llevar = 가지고 가다; (옷, 액세서리 등을) 입고 · 쓰고 · 걸치고 있다 (현재 시제 규칙 동사)

   llevar+옷 · 장신구 = ~을 입고 · 쓰고 · 신고 · 끼고 · 차고 있다

   f. gafa = 안경 → llevar gafas = 안경을 쓰고 있다

② Hace+기간+que+문장(현재 시제). = ~한 지 ~(기간)이 되었다.

   Hace dos meses que no llevo gafas.

   = 나는 안경을 안 쓴 지 2달 됐어.

MP3 듣고 따라 말하며 세 번씩 써보기	🎧 mp3 121

①

②

③

응용해서 써본 후 MP3 듣고 따라 말하기	🎧 mp3 122

① 나는 뻬드로와 이야기하지 않은 지 1년 됐어.

   →

② 나는 우리 할머니를 방문하지 않은 지 오래됐어.

   →

① Hace un año que no hablo con Pedro.
② Hace mucho tiempo que no visito a mi abuela.

_____ Hace unas semanas _____

que no juego a los videojuegos.

나는 비디오 게임을 안 한 지 몇 주 됐어.

① unas semanas = 몇 주 / unos meses = 몇 달 / unos años = 몇 년

② jugar = 놀다; (경기 등을) 하다 (어간의 u→ue로 불규칙 변화 : 현재 시제 기준)

    jugar a+놀이·경기 = ~을 하다 / m. videojuego = 비디오 게임

    jugar a los videojuegos = 비디오 게임을 하다

    Hace unas semanas que no juego a los videojuegos.

    = 나는 비디오 게임을 안 한 지 몇 주 됐어.

MP3 듣고 따라 말하며 세 번씩 써보기	🎧 mp3 123

①

②

③

응용해서 써본 후 MP3 듣고 따라 말하기	🎧 mp3 124

① 나는 신문을 안 읽은 지 몇 달 됐어. [신문을 읽다 = leer el periódico]

  →

② 나는 아나와 연락 안 한 지 몇 년 됐어. [~와 연락을 갖다 = tener contacto con ~]

  →

① Hace unos meses que no leo el periódico.

② Hace unos años que no tengo contacto con Ana.

01. 앞서 배운 내용 중 주요 문법 및 표현을 정리해 봅시다.

□ 날씨를 묘사하는 표현

• Hace+명사(날씨). = 날씨가 ~하다.

  Hace (mucho) calor/frío/sol/viento/fresco.

  = 날씨가 (많이) 덥다/춥다/화창하다/바람이 분다/선선하다.

• Está+형용사(날씨). = 날씨가 ~하다.

  Está nublado/despejado. = 날씨가 흐리다/맑다;맑게 개었다.

• Hay+명사(안개·구름 등). = ~(안개·구름 등)이 있다.

  Hay niebla. = 안개가 꼈다. / Hay nubes. = 구름이 있다.

• llover / nevar = 비가 오다 / 눈이 오다

  [3인칭 단수형 사용] Llueve. = 비가 온다. / Nieva. = 눈이 온다.

□ 기간을 나타내는 표현

• 문장(현재 시제)+desde+시점. = ~부터 ~하다.

  No veo a Luisa desde el año pasado.

  = 나는 작년부터 루이사를 못 봤어.

• 문장(현재 시제)+desde hace+기간. = ~ 전부터 ~하다.

  Daniel y yo somos amigos desde hace mucho tiempo.

  다니엘과 나는 오래전부터 친구야.

• Hace+기간+que+문장(현재 시제). = ~한 지 ~이 되었다.

  Hace dos meses que no llevo gafas.

  = 나는 안경을 안 쓴 지 2달 됐어.

02. 아래의 한국어 문장들을 스페인어로 직접 작문해 보도록 하세요.　　　(정답 p.122)

① 날씨가 많이 더워.

→ _____

② 거의 항상 날씨가 좋아.

→ _____

③ 비가 많이 와.

→ _____

④ 바르셀로나에는 거의 눈이 안 와.

→ _____

⑤ 날씨가 흐리고 안개가 꼈어.

→ _____

⑥ 지난주부터 나는 이 은행에서 일해.

→ _____

⑦ 5월부터 나는 영화관에 가지 않았어.

→ _____

⑧ 다니엘과 나는 오래전부터 친구야.

→ _____

⑨ 나는 안경을 안 쓴 지 2달 됐어.

→ _____

⑩ 나는 아나와 연락 안 한 지 몇 년 됐어.

→ _____

① Hace mucho calor.

② Casi siempre hace buen tiempo.

③ Llueve mucho.

④ No nieva casi nunca en Barcelona. = Casi nunca nieva en Barcelona.

⑤ Está nublado y hay niebla.

⑥ Trabajo en este banco desde la semana pasada.

⑦ No voy al cine desde mayo.

⑧ Daniel y yo somos amigos desde hace mucho tiempo.

⑨ Hace dos meses que no llevo gafas.

⑩ Hace unos años que no tengo contacto con Ana.

MEMO 틀린 문장이 있을 경우 아래에 몇 번씩 반복해서 써보세요.

LECCIÓN 07

미래 시제로
말하기

— Algún día iré a Cuba. —

언젠가 나는 쿠바에 갈 거야.

---

① 미래에 일어날 행위 및 사건을 말할 땐 아래와 같은 미래 시제를 사용합니다.

미래 시제에서의 규칙 동사 형태 → | 동사 원형 | + -é, -ás, -á, -emos, -éis, -án

ir (가다)	(yo) iré | (tú) irás | (él, ella, usted) irá | (nosotros/-as) iremos | (vosotros/-as) iréis | (ellos, ellas, ustedes) irán

② alguno/-a = 어느, 어떤; 얼마간의 (남성 단수 명사 앞에서 어미의 o 탈락)

alguno día = 언젠가 / Algún día iré a Cuba. = 언젠가 나는 쿠바에 갈 거야.

MP3 듣고 따라 말하며 세 번씩 써보기　　　　　　　　🎧 mp3 125

①

②

③

응용해서 써본 후 MP3 듣고 따라 말하기　　　　　　　　🎧 mp3 126

① 다음 달에 나는 스페인으로 돌아갈 거야. [다음 달(에) = el próximo mes]

　→

② 내년에 나는 스페인어를 공부할 거야. [다음 해(에), 내년(에) = el próximo año]

　→

---

① El próximo mes volveré a España.

② El próximo año estudiaré español.

— Acabaré mis estudios dentro de dos años. —

2년 후에 나는 학업을 끝낼 거야.

---

① acabar = 끝내다 / m. estudio = 공부, 연구; 학업

Acabaré. = 나는 끝낼 것이다.

Acabaré mis estudios. = 나는 나의 학업을 끝낼 것이다.

② dentro de ~ = ~의 안에 → dentro de dos años = 2년 안에; 2년 후에

Acabaré mis estudios dentro de dos años.

= 2년 후에 나는 학업을 끝낼 거야.

MP3 듣고 따라 말하며 세 번씩 써보기	○ mp3 127

①

②

③

응용해서 써본 후 MP3 듣고 따라 말하기	○ mp3 128

① 아나는 며칠 후에 멕시코에 도착할 거야. [며칠 = unos días]

→

② 다음 달에 나는 논문을 끝낼 거야. [논문 = f. tesis]

→

---

① Ana llegará a México dentro de unos días.

② El próximo mes acabaré la tesis.

La próxima semana lloverá mucho
en todo el país.

다음 주에 전국적으로 비가 많이 올 거야.

① llover = 비가 오다 → 앞서 llover 동사는 '3인칭 단수형'으로 말한다고 배웠죠?

[현재] Llueve. = 비가 온다. / [미래] Lloverá. = 비가 올 것이다.

② próximo/-a = 다음의 → la <u>próxima</u> semana = 다음 주(에)

m. país = 나라, 국가 → <u>todo</u> el país = 온 나라 = 전국

La próxima semana lloverá mucho <u>en todo el país.</u>

= 다음 주에 <u>전국에(전국적으로)</u> 비가 많이 올 거야.

MP3 듣고 따라 말하며 세 번씩 써보기	∩ mp3 129
①	
②	
③	

응용해서 써본 후 MP3 듣고 따라 말하기	∩ mp3 130

① 내일 눈이 많이 올 거야.

→

② 너는 여행을 많이 할 것이고, 너는 오래 살 거야. [오래 살다 = vivir muchos años]

→

① Mañana nevará mucho.

② Viajarás mucho y vivirás muchos años.

Este fin de semana hará mucho calor.

이번 주말에 엄청 더울 거야.

① hacer [미래 시제 불규칙 동사] → har+-é, -ás, -á, -emos, -éis, -án

> (yo) haré | (tú) harás | (él, ella, usted) hará |
> (nosotros/-as) haremos | (vosotros/-as) haréis | (ellos, ellas, ustedes) harán

② 앞서 hacer 동사로 날씨를 말할 땐 '3인칭 단수형'으로 말한다고 배웠죠?

fin de semana = 주말 → este fin de semana = 이번 주말(에)

Este fin de semana hará mucho calor. = 이번 주말에 엄청 더울 거야.

MP3 듣고 따라 말하며 세 번씩 써보기   🎧 mp3 131

①

②

③

응용해서 써본 후 MP3 듣고 따라 말하기   🎧 mp3 132

① 이번 주말에 날씨가 매우 좋을 거야.

→

② 이번 주 금요일에 우리가 저녁 식사를 만들 거야.

→

---

① Este fin de semana hará muy buen tiempo.

② Este viernes haremos la cena.

En el futuro podremos vivir en otros planetas.

미래에 우리는 다른 행성들에서 살 수 있을 거야.

① poder [미래 시제 불규칙 동사] → podr+-é, -ás, -á, -emos, -éis, -án

> (yo) podré | (tú) podrás | (él, ella, usted) podrá |
> (nosotros/-as) podremos | (vosotros/-as) podréis | (ellos, ellas, ustedes) podrán

② m. futuro = 미래 / m. planeta = 행성 → otros planetas = 다른 행성들

En el futuro podremos vivir en otros planetas.

= 미래에 우리는 다른 행성들에서 살 수 있을 거야.

MP3 듣고 따라 말하며 세 번씩 써보기	∩ mp3 133

①

②

③

응용해서 써본 후 MP3 듣고 따라 말하기	∩ mp3 134

① 미래에 우리는 일하지 않고 살 수 있을 거야. [~하지 않고 = sin+동사 원형]

→

② 곧 너는 마르따와 이야기할 수 있을 거야. [곧 = pronto]

→

① En el futuro podremos vivir sin trabajar.

② Pronto podrás hablar con Marta.

━━━━ Serán **las cuatro y diez.** ━━━━

4시 10분일 거야.

① ser [미래 시제 규칙 동사] → <u>ser</u>+-é, -ás, -á, -emos, -éis, -án

② 현재의 상황이나 상태가 어떠한지 '추측'할 때 미래 시제를 써서 말할 수 있습니다.

현재 시제	미래 시제 (현재에 대한 추측)
Es la una. = 1시야.	Será la una. = 1시일 거야.
Son las cuatro y diez.	Serán las cuatro y diez.
= 4시 10분이야.	= 4시 10분일 거야.

MP3 듣고 따라 말하며 세 번씩 써보기　　　　　　　　　🎧 mp3 135

①

②

③

응용해서 써본 후 MP3 듣고 따라 말하기　　　　　　　　　🎧 mp3 136

① 3시 20분일 거야.

→

② 예씨는 멕시코 출신일 거야.

→

┌─────────────────────────────────┐
│ ① Serán las tres y veinte. │
│ ② Yessi será de México. │
└─────────────────────────────────┘

Tu móvil estará encima del sofá.

네 핸드폰은 소파 위에 있을 거야.

① estar [미래 시제 규칙 동사] → estar+-é, -ás, -á, -emos, -éis, -án

② m. móvil = 휴대폰 / m. sofá = 소파

encima de ~ = ~의 위에 → encima del sofá = 소파(의) 위에

Tu móvil está encima del sofá. = 네 핸드폰은 소파 위에 있어.

→ Tu móvil estará encima del sofá. = 네 핸드폰은 소파 위에 있을 거야.

('현재의 상황을 추측'하는 미래 시제 문장)

MP3 듣고 따라 말하며 세 번씩 써보기　　　　　　　　🎧 mp3 137

①

②

③

응용해서 써본 후 MP3 듣고 따라 말하기　　　　　　　　🎧 mp3 138

① 다나는 집에 있을 거야.

→

② 네 볼펜은 책 옆에 있을 거야. [볼펜 = m. bolígrafo]

→

---

① Dana estará en casa.

② Tu bolígrafo estará al lado del libro.

— Yessi tendrá veinte años. —

예씨는 20살일 거야.

① tener [미래 시제 불규칙 동사] → tendr+-é, -ás, -á, -emos, -éis, -án

> (yo) tendré | (tú) tendrás | (él, ella, usted) tendrá |
> (nosotros/-as) tendremos | (vosotros/-as) tendréis | (ellos, ellas, ustedes) tendrán

② tener+숫자+año(s) = ~살이다

Yessi tiene veinte años. = 예씨는 20살이야.

→ Yessi tendrá veinte años. = 예씨는 20살일 거야.

MP3 듣고 따라 말하며 세 번씩 써보기	∩ mp3 139

①

②

③

응용해서 써본 후 MP3 듣고 따라 말하기	∩ mp3 140

① 그는 35살일 거야.

→

② 마떼오는 18살일 거야.

→

---

① Él tendrá treinta y cinco años.

② Mateo tendrá dieciocho años.

— Voy a arreglar mi habitación esta tarde. —

오늘 오후에 나는 내 방을 정리할 거야.

① 미래 시제는 'ir+a+동사 원형'이라는 표현으로도 나타낼 수 있습니다. 이 표현은 주로 '가까운 미래, 계획된 미래'를 말할 때 씁니다.

② f. habitación = 방 / esta tarde = 오늘 오후(에)

arreglar = 정리하다 → ir a arreglar = 정리할 거다

Voy a arreglar mi habitación esta tarde.

= 오늘 오후에 나는 내 방을 정리할 거야.

MP3 듣고 따라 말하며 세 번씩 써보기	🎧 mp3 141
①	
②	
③	

응용해서 써본 후 MP3 듣고 따라 말하기	🎧 mp3 142

① 오늘밤에 나는 너의 집에 들를 거야. [~에 들르다 = pasar por ~]

→

② 오늘 나는 내 남자 친구를 만날 거야. [~와 만나다 = quedar con ~]

→

① Voy a pasar por tu casa esta noche.

② Hoy voy a quedar con mi novio.

—— Va a salir **el sol.** ——

해가 뜰 거야.

① 'ir+a+동사 원형'이라는 표현은 현재의 상황을 토대로 판단했을 때 앞으로 일어날 것이 확실한
미래를 말할 때에도 쓸 수 있습니다.

② m. sol = 태양 / salir = 나가다, 나오다

스페인어에서는 의미를 강조하고 싶을 경우 [주어-동사]의 어순을 [동사-주어]의 어순으로 도치
시켜 말할 수 있습니다.

Va a salir **el sol.** = **해가** 뜰 거야.

MP3 듣고 따라 말하며 세 번씩 써보기   🎧 mp3 143

①

②

③

응용해서 써본 후 MP3 듣고 따라 말하기   🎧 mp3 144

① **영화가 시작할 거야.** [시작하다 = empezar, 영화 = f. película]

→

② **기차가 출발할 거야.** [출발하다 = salir]

→

---

① Va a empezar la película.

② Va a salir el tren.

01. 앞서 배운 내용 중 주요 문법 및 표현을 정리해 봅시다.

□ 미래 시제 총정리

• 미래에 일어날 일·상황을 말할 때, 현재의 상황을 추측해서 말할 때 쓰는 시제
• 미래 시제 규칙 동사 : 동사 원형 + -é, -ás, -á, -emos, -éis, -án
• ir+a+동사 원형 : 가까운 미래, 이미 계획된 미래를 말할 때 주로 사용

① 미래 시제 규칙 동사

	acabar 끝내다	volver 돌아오다, 돌아가다	vivir 살다
	동사 원형 + -é, -ás, -á, -emos, -éis, -án		
yo	acabaré	volveré	viviré
tú	acabarás	volverás	vivirás
él, ella, usted	acabará	volverá	vivirá
nosotros/-as	acabaremos	volveremos	viviremos
vosotros/-as	acabaréis	volveréis	viviréis
ellos, ellas, ustedes	acabarán	volverán	vivirán

② 미래 시제 불규칙 동사

	hacer 하다; 만들다	poder ~할 수 있다	tener 가지다
	har-	podr-	tendr-
yo	haré	podré	tendré
tú	harás	podrás	tendrás
él, ella, usted	hará	podrá	tendrá
nosotros/-as	haremos	podremos	tendremos
vosotros/-as	haréis	podréis	tendréis
ellos, ellas, ustedes	harán	podrán	tendrán

02. 아래의 한국어 문장들을 스페인어로 직접 작문해 보도록 하세요. (정답 p.136)

① 언젠가 나는 쿠바에 갈 거야.

→

② 2년 후에 나는 학업을 끝낼 거야.

→

③ 다음 주에 전국적으로 비가 많이 올 거야.

→

④ 이번 주말에 엄청 더울 거야.

→

⑤ 미래에 우리는 일하지 않고 살 수 있을 거야.

→

⑥ 4시 10분일 거야.

→

⑦ 네 핸드폰은 소파 위에 있을 거야.

→

⑧ 예씨는 20살일 거야.

→

⑨ 오늘 오후에 나는 내 방을 정리할 거야.

→

⑩ 해가 뜰 거야.

→

① Algún día iré a Cuba.

② Acabaré mis estudios dentro de dos años.

③ La próxima semana lloverá mucho en todo el país.

④ Este fin de semana hará mucho calor.

⑤ En el futuro podremos vivir sin trabajar.

⑥ Serán las cuatro y diez.

⑦ Tu móvil estará encima del sofá.

⑧ Yessi tendrá veinte años.

⑨ Voy a arreglar mi habitación esta tarde.

⑩ Va a salir el sol.

MEMO 틀린 문장이 있을 경우 아래에 몇 번씩 반복해서 써보세요.

LECCIÓN 08

현재 완료 시제로
말하기

¿Has bebido alguna vez michelada?

너는 **미첼라다를** 마셔 본 적 있니?

① [현재 완료] 과거의 경험을 말할 때 사용, 형태는 'haber+동사의 과거 분사'

haber (현재 시제일 때 불규칙 변화)		
→ he, has, ha, hemos, habéis, han	+	-ar → -ado
		-er, -ir → -ido

② f. vez(번) → alguna vez = 언젠가 한번 / beber(마시다) → [과거 분사] bebido

¿Has bebido <u>alguna vez</u> *michelada? (*'미첼라다'는 멕시코 술의 일종)

= 너는 <u>(언젠가 한번)</u> 미첼라다를 마셔 본 적 있니?

MP3 듣고 따라 말하며 세 번씩 써보기   🎧 mp3 145

①

②

③

응용해서 써본 후 MP3 듣고 따라 말하기   🎧 mp3 146

① 너는 스페인에 가본 적 있니? [있다 = estar → (과거 분사) estado]

→

② 너는 빠에야를 먹어 본 적 있니? [먹다 = comer → (과거 분사) comido]

→

---

① ¿Has estado alguna vez en España?

② ¿Has comido alguna vez paella?

Nunca he trabajado **en otra ciudad.**

나는 한 번도 **다른 도시에서** 일해 본 적 없어.

① no+haber+과거 분사+nunca = nunca+haber+과거 분사

= 한 번도 ~해 본 적 없다

② trabajar = 일하다 → [과거 분사] trabajado

f. ciudad = 도시 → otra ciudad = 다른 도시

No he trabajado nunca(= Nunca he trabajado) en otra ciudad.

= 나는 한 번도 다른 도시에서 일해 본 적 없어.

MP3 듣고 따라 말하며 세 번씩 써보기   🎧 mp3 147

① _____

② _____

③ _____

응용해서 써본 후 MP3 듣고 따라 말하기   🎧 mp3 148

① 나는 한 번도 페루를 방문한 적 없어. [페루 = Perú]

→ _____

② 나는 한 번도 여자 친구를 가져 본 적이 없어.

→ _____

① No he visitado nunca Perú. = Nunca he visitado Perú.

② No he tenido nunca novia. = Nunca he tenido novia.

Hoy he perdido **el tren.**

오늘 나는 **기차를** 놓쳤어.

① 현재 완료 시제는 아래와 같이 '현재의 순간이 포함된 시간 표현'과 자주 사용됩니다.

(ex) 오늘/오늘 아침·오후·밤/이번 주/이번 달/올해에 ~했다.

> hoy(오늘) / esta mañana·tarde·noche(오늘 아침·오후·밤)
> esta semana(이번 주) / este mes(이번 달) / este año(올해) 등

② perder = 잃다; 놓치다; 패하다 → [과거 분사] perdido

Hoy he perdido el tren. = 오늘 나는 기차를 놓쳤어.

MP3 듣고 따라 말하며 세 번씩 써보기	🎧 mp3 149

①

②

③

응용해서 써본 후 MP3 듣고 따라 말하기	🎧 mp3 150

① 이번 주에 나는 낚시하러 갔었어. [낚시하러 가다 = ir(→과거 분사는 ido) de pesca]

　→

② 오늘 아침에 나는 편지 한 통을 받았어. [받다 = recibir → (과거 분사) recibido]

　→

> ① He ido de pesca esta semana.
>
> ② He recibido una carta esta mañana.

Este año no ha hecho mucho calor.

올해는 많이 덥지 않았어.

① 동사의 과거 분사형엔 아래와 같이 불규칙한 형태들도 존재합니다.

hacer(하다) → hecho / ver(보다) → visto

abrir(열다) → abierto / escribir(쓰다) → escrito

② 앞서 hacer 동사로 날씨를 말할 땐 '3인칭 단수형'으로 말한다고 배웠는데, 이를 현재 완료 시제로 말할 때 역시 haber를 '3인칭 단수형'으로 써서 말해야 합니다.

Este año no ha hecho mucho calor. = 올해는 많이 덥지 않았어.

MP3 듣고 따라 말하며 세 번씩 써보기	∩ mp3 151

①

②

③

응용해서 써본 후 MP3 듣고 따라 말하기	∩ mp3 152

① 이번 달에 비가 많이 오지 않았어. [llover = 비가 오다 → (과거 분사) llovido]

→

② 오늘 나는 영화 두 편을 봤어.

→

---

① Este mes no ha llovido mucho.

② Hoy he visto dos películas.

Ha habido **un accidente** hace un momento.

조금 전에 **사고가** 있었어.

① hay(있다) = haber 동사에서 파생된 형태 (3인칭 단수형)

→ [현재 완료형] ha(haber의 3인칭 단수형)+habido(haber의 과거 분사)

② 현재 완료 시제는 '근접한 과거의 사건'을 말할 때 사용할 수 있습니다.

m. accidente = 사고 → Ha habido un accidente. = 사고가 있었다.

m. momento = 순간, 잠깐 → hace un momento = 조금 전에

Ha habido un accidente hace un momento. = 조금 전에 사고가 있었어.

MP3 듣고 따라 말하며 세 번씩 써보기	∩ mp3 153

①

②

③

응용해서 써본 후 MP3 듣고 따라 말하기	∩ mp3 154

① 조금 전에 나는 알리씨아랑 있었어.

→

② 결혼식이 조금 전에 시작했어. [결혼식 = f. boda, 시작하다 = empezar]

→

① He estado con Alicia hace un momento.

② La boda ha empezado hace un momento.

No puedo coger un taxi. He perdido mi cartera.

나는 택시를 탈 수 없어. 내 지갑을 잃어버렸어.

① coger = 잡다; 타다 → 국가에 따라 tomar 동사를 사용하기도 합니다.

No puedo coger un taxi. = 나는 택시를 탈 수 없어.

② 현재 완료 시제는 '과거의 결과가 현재까지 영향을 미칠 때' 사용할 수 있습니다.

perder = 잃다; 패하다; 놓치다 → [과거 분사] perdido / f. cartera = 지갑

No puedo coger un taxi. He perdido mi cartera.

= 나는 택시를 탈 수 없어. 내 지갑을 잃어버렸어(그 결과 택시를 못 탐).

MP3 듣고 따라 말하며 세 번씩 써보기   🎧 mp3 155

①

②

③

응용해서 써본 후 MP3 듣고 따라 말하기   🎧 mp3 156

① 난(여성) 지쳤어. 하루 종일 일했어. [지친, 기진맥진한 = agotado/-a]

→

② 난 마르따한테 전화할 수 없어. 그녀의 핸드폰 번호를 잊어버렸어. [잊다 = olvidar]

→

---

① Estoy agotada. He trabajado todo el día.

② No puedo llamar a Marta. He olvidado su número de teléfono.

¿Has mandado ya las invitaciones?

너는 초대장들을 보냈니?

① 현재 완료 시제는 어떤 일이 실현됐는지 여부에 대해 이야기할 때 사용할 수 있으며, 특히 아래와 같은 부사들과 함께 자주 사용됩니다.

> ya(이미, 벌써, 이제) / todavía no(아직 ~ 않다) / por fin(마침내, 결국, 드디어)
>
> (ex) Todavía no he acabado mis estudios. = 아직 난 내 학업을 못 끝냈어.

② mandar = 보내다 → [과거 분사] mandado / f. invitación = 초대장

¿Has mandado ya las invitaciones? = 너는 초대장들을 (이미) 보냈니?

MP3 듣고 따라 말하며 세 번씩 써보기	∩ mp3 157
①	
②	
③	

응용해서 써본 후 MP3 듣고 따라 말하기	∩ mp3 158

① 너는 석사 과정을 (이미) 끝냈니? [석사 과정 = m. máster]

→

② 아직 나는 이 책을 읽지 않았어. [읽다 = leer → (과거 분사) leído]

→

---

① ¿Has acabado ya el máster?

② Todavía no he leído este libro.

— Por fin ha llegado **la primavera.** —

드디어 **봄이 왔어**.

---

① lleg**ar** = 도착하다 → [과거 분사] lleg**ado**

　f. primavera = 봄

　*앞서 의미를 강조하고 싶을 땐 [동사-주어]의 어순으로 도치가 가능하다고 배웠죠?

　Ha llegado la primavera. = 봄이 도착했어. → '봄이 왔어'로 해석 가능

② por fin = 마침내, 결국, 드디어

　<u>Por fin</u> ha llegado la primavera. = <u>드디어</u> 봄이 왔어.

MP3 듣고 따라 말하며 세 번씩 써보기	🎧 mp3 159
①	
②	
③	

응용해서 써본 후 MP3 듣고 따라 말하기	🎧 mp3 160

① 이미 나는 그들과 이야기했어.

　→

② 아직 나는 숙제를 안 했어. [숙제를 하다 = hacer los deberes]

　→

---

① Ya he hablado con ellos.

② Todavía no he hecho los deberes.

Hoy te he llamado tres veces.

오늘 나는 너에게 세 번 전화를 했어.

① llamar = 부르다; 전화하다 → (과거 분사) llamado

　f. vez = 번 → una vez(한 번), dos veces(두 번), tres veces(세 번), …

② 현재 완료 시제 문장에서 목적격 대명사는 '현재 완료형(haber+동사의 과거 분사)' 앞에 위치합니다.

　te he llamado = 나는 **너에게** 전화를 했다

　Hoy te he llamado tres veces. = 오늘 나는 **너에게** 세 번 전화를 했어.

MP3 듣고 따라 말하며 세 번씩 써보기	🎧 mp3 161

①

②

③

응용해서 써본 후 MP3 듣고 따라 말하기	🎧 mp3 162

① 나는 너에게 선물 하나를 가져왔어. [가지고 오다 = traer → (과거 분사) traído]

　→

② 나는 아직 그녀를 보지 못했어.

　→

① Te he traído un regalo.

② Todavía no la he visto.

01. 앞서 배운 내용 중 주요 문법 및 표현을 정리해 봅시다.

☐ '현재 완료 시제'의 구조 총정리

[현재 완료 시제의 형태] → haber+동사의 과거 분사

haber 동사는 현재 시제일 때 주어별로 형태가 불규칙하게 변하며, 동사의 과거 분사형은 규칙에 따라 변하는 규칙형, 규칙을 벗어나 불규칙하게 변하는 불규칙형으로 나뉩니다.

	haber	동사의 과거 분사
yo	he	① 과거 분사 규칙형
tú	has	-ar → -ado
él, ella, usted	ha	-er, -ir → -ido
nosotros, -as	hemos	
vosotros, -as	habéis	② 과거 분사 불규칙형
ellos, ellas, ustedes	han	규칙을 벗어난 형태의 과거 분사

과거 분사 규칙형 예시

[-ar 동사] empezar(시작하다) → empezado / olvidar(잊다) → olvidado
[-er 동사] beber(마시다) → bebido / perder(잃다; 놓치다; 패하다) → perdido
[-ir 동사] recibir(받다) → recibido / vivir(살다) → vivido

과거 분사 불규칙형 예시

hacer(하다, 만들다) → hecho / ver(보다) → visto / abrir(열다) → abierto
escribir(쓰다) → escrito / leer(읽다) → leído / traer(가지고 오다) → traído

☐ '현재 완료 시제'의 용법 총정리

① 과거의 경험을 말할 때 사용

¿Has bebido alguna vez michelada?
너는 (언젠가 한번) 미첼라다를 마셔 본 적 있니?

no+haber+과거 분사+nunca = nunca+haber+과거 분사

= 한 번도 ~해 본 적 없다

No he trabajado nunca en otra ciudad.

Nunca he trabajado en otra ciudad.

= <u>나는 한 번도</u> 다른 도시에서 <u>일해 본 적 없어</u>.

② '현재의 순간이 포함된 시간 표현'과 자주 사용

> hoy(오늘) / esta mañana·tarde·noche(오늘 아침·오후·밤)
> esta semana(이번 주) / este mes(이번 달) / este año(올해) 등

Hoy he perdido el tren. = <u>오늘 나는</u> 기차를 놓쳤어.

③ '근접한 과거의 사건'을 말할 때 사용

Ha habido un accidente hace un momento.

= <u>조금 전에</u> 사고가 <u>있었어</u>.

④ '과거의 결과가 현재까지 영향을 미칠 때' 사용

No puedo coger un taxi. He perdido mi cartera.

= 나는 택시를 탈 수 없어. 내 지갑을 잃어버렸어(그 결과 택시를 못 탐).

⑤ 어떤 일이 실현됐는지 여부에 대해 이야기할 때 사용

(아래와 같은 부사와 함께 자주 사용)

> ya(이미, 벌써, 이제) / todavía no(아직 ~ 않다) / por fin(마침내, 결국, 드디어)

¿Has mandado ya las invitaciones?

= <u>너는</u> 초대장들을 (이미) <u>보냈니?</u>

⑥ 현재 완료 시제 문장에서 목적격 대명사는 '현재 완료형' 앞에 위치

Hoy te he llamado tres veces.

= 오늘 <u>나는 너에게</u> 세 번 <u>전화를 했어</u>.

02. 아래의 한국어 문장들을 스페인어로 직접 작문해 보도록 하세요. (정답 p.150)

① 너는 미첼라다를 마셔 본 적 있니? (alguna vez 활용)

→

② 나는 한 번도 다른 도시에서 일해 본 적 없어. (nunca 활용)

→

③ 오늘 나는 기차를 놓쳤어.

→

④ 올해는 많이 덥지 않았어.

→

⑤ 조금 전에 사고가 있었어.

→

⑥ 나는 택시를 탈 수 없어. 내 지갑을 잃어버렸어.

→

⑦ 아직 나는 이 책을 읽지 않았어.

→

⑧ 너는 초대장들을 (이미) 보냈니?

→

⑨ 드디어 봄이 왔어.

→

⑩ 오늘 나는 너한테 세 번 전화를 했어.

→

① ¿Has bebido alguna vez michelada?

② No he trabajado nunca(= Nunca he trabajado) en otra ciudad.

③ Hoy he perdido el tren.

④ Este año no ha hecho mucho calor.

⑤ Ha habido un accidente hace un momento.

⑥ No puedo coger un taxi. He perdido mi cartera.

⑦ Todavía no he leído este libro.

⑧ ¿Has mandado ya las invitaciones?

⑨ Por fin ha llegado la primavera.

⑩ Hoy te he llamado tres veces.

MEMO 틀린 문장이 있을 경우 아래에 몇 번씩 반복해서 써보세요.

LECCIÓN 09

'동사 원형'을 활용해 말하기

He decidido dejar **el trabajo.**

나는 일을 그만두기로 결심했어.

① [배웠던 표현 복습] saber/querer/poder/preferir+동사 원형

= ~할 줄 알다/~하길 원하다/~할 수 있다/~하는 걸 선호하다

② decidir = 결정하다; 결심하다 → decidir+동사 원형 = ~하기로 결심하다

dejar = 놓아두다; 그만두다 → dejar el trabajo = 일을 그만두다

decidir dejar el trabajo = 일을 그만두기로 결심하다

He decidido dejar el trabajo. = 나는 일을 그만두기로 결심했어.

MP3 듣고 따라 말하며 세 번씩 써보기 🎧 mp3 163

①

②

③

응용해서 써본 후 MP3 듣고 따라 말하기 🎧 mp3 164

① 나는 다른 나라에서 공부하기로 결심했어.

→

② 나는 주말마다 일하는 게 정말 싫어. [~하는 것을 무척 싫어하다 = odiar+동사 원형]

→

① He decidido estudiar en otro país.

② Odio trabajar los fines de semana.

Espero verte **pronto.**

나는 너를 **곧** 보기를 바라.

---

① esperar = 기다리다; 기대하다; 바라다 → esperar+동사 원형 = ~하기를 바라다

Espero verte pronto. = 나는 너를 곧 보기를 바라. (pronto = 곧)

→ 목적격 대명사는 '동사 원형, 현재 분사형' 뒤에 붙여 쓸 수 있다고 앞서 배웠었죠?

(ex) espero verte

② [동사 원형의 부정] no+동사 원형 / molestar = 방해하다, 귀찮게 하다

Espero no molestarte. = 내가 너를 방해하는 게 아니길 바라.

MP3 듣고 따라 말하며 세 번씩 써보기　　　　　　　　　　　🎧 mp3 165

①

②

③

응용해서 써본 후 MP3 듣고 따라 말하기　　　　　　　　　　🎧 mp3 166

① 나는 우리 나라로 돌아가야 해. [~할 필요가 있다 = necesitar+동사 원형]

→

② 너는 신선한 공기를 쐴 필요가 있어. [신선한 공기를 쐬다 = tomar aire fresco]

→

① Necesito volver a mi país.

② Necesitas tomar aire fresco.

Suelo ir al cine una vez al mes.

나는 한 달에 한 번 영화관에 가곤 해.

① soler = ~하곤 하다 (어간의 o→ue로 불규칙 변화 : 현재 시제 기준)

　soler+동사 원형 = ~하곤 하다, 주로 ~하다

　soler ir al cine = 영화관에 가곤 하다

② 숫자+vez·veces+al día/mes/año = 하루/한 달/일 년에 ~번

　숫자+vez·veces+a la semana = 일주일에 ~번

　Suelo ir al cine una vez al mes. = 나는 한 달에 한 번 영화관에 가곤 해.

MP3 듣고 따라 말하며 세 번씩 써보기　　　　　　　　　　　　🎧 mp3 167

①

②

③

응용해서 써본 후 MP3 듣고 따라 말하기　　　　　　　　　　　🎧 mp3 168

① 우리는 일주일에 두 번 밖에서 저녁을 먹곤 해.

　→

② 마르따는 아침에 신문을 읽곤 해.

　→

---

① Solemos cenar fuera dos veces a la semana.

② Marta suele leer el periódico por la mañana.

— Ya he empezado a leer esta novela. —

나는 이미 이 소설책을 읽기 시작했어.

① 아래와 같이 일부 동사들은 전치사 'a'와 결합되어 활용됩니다.

[배웠던 표현 복습] aprender/salir/venir+a+<u>동사 원형</u>

= ~하는 것을 배우다/~하러 나가다/~하러 오다

② empezar = 시작하다 → empezar+a+동사 원형 = ~하기 시작하다

empezar a <u>leer</u> = <u>읽기</u> 시작하다 / f. novela = 소설

Ya he empezado a <u>leer</u> esta novela. = 나는 이미 이 소설책을 <u>읽기</u> 시작했어.

MP3 듣고 따라 말하며 세 번씩 써보기	🎧 mp3 169

①

②

③

응용해서 써본 후 MP3 듣고 따라 말하기	🎧 mp3 170

① 우리는 이미 저녁을 만들기 시작했어.

→

② 조금 전에 비가 오기 시작했어.

→

① Ya hemos empezado a hacer la cena.

② Ha empezado a llover hace un momento.

— Te ayudo a hacer los deberes. —

(내가 너를) 숙제하는 거 도와줄게.

① ayudar = 돕다, 도와주다

　ayudar+a+동사 원형 = ~하는 것을 돕다·도와주다

② los deberes = 숙제 (복수형) → hacer los deberes = 숙제를 하다

　ayudar a hacer los deberes = 숙제를 하는 것을 돕다

　Te ayudo a hacer los deberes. = 내가 너를 숙제하는 거 도와줄게.

　→ 한국어로 자연스럽게 풀이하면 '숙제하는 거 도와줄게'라고 말할 수 있습니다.

MP3 듣고 따라 말하며 세 번씩 써보기　　　　　　　　🎧 mp3 171

①

②

③

응용해서 써본 후 MP3 듣고 따라 말하기　　　　　　　　🎧 mp3 172

① 나 문 여는 거 도와줄 수 있어? [문을 열다 = abrir la puerta]

　→

② 나에게 운전하는 것을 가르쳐 줄 수 있어? [~하는 것을 가르치다 = enseñar+a+동사 원형]

　→

① ¿Puedes ayudarme a abrir la puerta?
② ¿Puedes enseñarme a conducir?

¿Has terminado **ya** de limpiar **tu habitación?**

네 방 청소하는 거 끝냈니?

① terminar = 끝내다, 끝나다 → terminar+de+동사 원형 = ~하는 것을 끝내다

¿Has terminado ya de limpiar tu habitación?

= (너) 네 방 청소하는 거 (벌써) 끝냈니?

② [추가 표현] soñar = 꿈꾸다 (어간의 o→ue로 불규칙 변화 : 현재 시제 기준)

soñar+con+동사 원형 = ~하기를 꿈꾸다 / m.f. profesor/-ra = 선생님

Sueño con ser profesor. = 나는 선생님이 되기를 꿈꾼다.

MP3 듣고 따라 말하며 세 번씩 써보기	∩ mp3 173

① _____

② _____

③ _____

응용해서 써본 후 MP3 듣고 따라 말하기	∩ mp3 174

① 아직 우리는 일하는 거 끝내지 못했어.

→

② 항상 나는 나의 나라로 돌아가기를 꿈꾼다.

→

① Todavía no hemos terminado de trabajar.

② Siempre sueño con volver a mi país.

— Trato de leer **antes de dormir.** —

자기 전에 나는 독서하려고 노력해.

① tratar = 취급하다; 대하다

　tratar+de+동사 원형 = ~하려고 노력하다

　leer = 읽다, 독서하다 → tratar de <u>leer</u> = 독서하려고 노력하다

② antes de ~ = ~ 전에 ('~ 후에'는 'después de ~'라고 말하면 됩니다.)

　dormir = 자다 → <u>antes</u> de dormir = 자기 전에

　Trato de <u>leer</u> antes de dormir. = 자기 전에 나는 독서하려고 노력해.

MP3 듣고 따라 말하며 세 번씩 써보기	🎧 mp3 175

①

②

③

응용해서 써본 후 MP3 듣고 따라 말하기	🎧 mp3 176

① 나는 사무실에 일찍 도착하려고 노력해.

　→

② 나는 일주일에 세 번 헬스장에 가려고 노력해. [체육관, 헬스장 = m. gimnasio]

　→

① Trato de llegar temprano a la oficina.

② Trato de ir al gimnasio tres veces a la semana.

Tienes que dejar **de fumar.**

너는 **담배 피우는 걸** 그만둬야 해.

① dejar = 놓아두다; 그만두다

dejar+de+동사 원형 = ~하는 것을 그만두다

fumar = 담배를 피우다 → dejar de fumar = 담배 피우는 것을 그만두다

② tener+que+동사 원형 = ~해야 한다

Tienes que dejar de fumar. = 너는 담배 피우는 걸 그만둬야 해.

→ 한국어로 자연스럽게 풀이하면 '넌 담배를 끊어야 돼'라고 말할 수 있습니다.

MP3 듣고 따라 말하며 세 번씩 써보기 🎧 mp3 177

① _____

② _____

③ _____

응용해서 써본 후 MP3 듣고 따라 말하기 🎧 mp3 178

① 너는 과식하는 걸 그만둬야 해. [지나치게 먹다, 과식하다 = comer demasiado]

→ _____

② 나는 술 마시고 담배 피우는 걸 그만두고 싶어. [술을 마시다 = beber] (querer 동사 활용)

→ _____

---

① Tienes que dejar de comer demasiado.

② Quiero dejar de beber y fumar.

Quiero volver a empezar **de cero.**

나는 **처음부터** 다시 시작하고 싶어.

① volver+a+동사원형 = 다시 ~하다

volver a empezar = 다시 시작하다

querer volver a empezar = 다시 시작하고 싶다 / de cero = 처음부터

Quiero volver a empezar de cero. = 나는 처음부터 다시 시작하고 싶어.

② [추가 표현] acabar+de+동사원형 = ~하는 것을 막 끝마치다 → 방금 ~했다

Acabo de recibir(받다) tu carta. = 나는 방금 네 편지를 받았어.

MP3 듣고 따라 말하며 세 번씩 써보기	∩ mp3 179

①

②

③

응용해서 써본 후 MP3 듣고 따라 말하기	∩ mp3 180

① 나는 다시 이 은행에서 일하고 싶어.

→

② 나는 방금 사무실에서 나왔어.

→

① Quiero volver a trabajar en este banco.

② Acabo de salir de la oficina.

01. 앞서 배운 내용 중 주요 문법 및 표현을 정리해 봅시다.

☐ '동사 원형'이 사용된 다양한 표현들 총정리

① 동사 원형만 사용된 경우

• decidir+동사 원형 = ~하기로 결심하다

　He decidido dejar el trabajo. = 나는 일을 그만두기로 결심했어.

• odiar+동사 원형 = ~하는 것을 무척 싫어하다

　Odio trabajar los fines de semana. = 나는 주말마다 일하는 게 정말 싫어.

• esperar+동사 원형 = ~하기를 바라다

　Espero verte pronto. = 나는 너를 곧 보기를 바라.

• necesitar+동사 원형 = ~할 필요가 있다

　Necesitas tomar aire fresco. = 너는 시원한 바람을 쐴 필요가 있어.

• soler+동사 원형 = ~하곤 하다; 주로 ~하다

　Suelo ir al cine una vez al mes. = 나는 한 달에 한 번 영화관에 가곤 해.

② 동사 원형과 전치사가 함께 사용된 경우

• empezar+a+동사 원형 = ~하기 시작하다

　Ya he empezado a leer esta novela. = 나는 이미 이 소설책을 읽기 시작했어.

• ayudar+a+동사 원형 = ~하는 것을 도와주다

　Te ayudo a hacer los deberes. = (내가 너를) 숙제하는 거 도와줄게.

• enseñar+a+동사 원형 = ~하는 것을 가르치다

　¿Puedes enseñarme a conducir? = 나에게 운전하는 것을 가르쳐 줄 수 있어?

• volver+a+동사 원형 = 다시 ~하다

　Quiero volver a empezar de cero. = 나는 처음부터 다시 시작하고 싶어.

- terminar+de+동사 원형 = ~하는 것을 끝내다

¿Has terminado ya de limpiar tu habitación? = 네 방 청소하는 거 끝냈니?

- tratar+de+동사 원형 = ~하려고 노력하다

Trato de leer antes de dormir. = 자기 전에 나는 독서하려고 노력해.

- dejar+de+동사 원형 = ~하는 것을 그만두다

Tienes que dejar de fumar. = 너는 담배 피우는 걸 그만둬야 해.

- acabar+de+동사 원형 = 방금 ~했다

Acabo de salir de la oficina. = 나는 방금 사무실에서 나왔어.

- soñar+con+동사 원형 = ~하는 것을 꿈꾸다

Sueño con ser profesor. = 나는 선생님이 되기를 꿈꾼다.

□ 불규칙 변화 동사 총정리

(현재 시제 기준)

	어간의 o→ue		어간의 e→ie
	soler	soñar	empezar
yo	suelo	sueño	empiezo
tú	sueles	sueñas	empiezas
él, ella, usted	suele	sueña	empieza
nosotros/-as	solemos	soñamos	empezamos
vosotros/-as	soléis	soñáis	empezáis
ellos, ellas, ustedes	suelen	sueñan	empiezan

02. 아래의 한국어 문장들을 스페인어로 직접 작문해 보도록 하세요. (정답 p.164)

① 나는 일을 그만두기로 결심했어.

→

② 나는 너를 곧 보기를 바라.

→

③ 나는 한 달에 한 번 영화관에 가곤 해.

→

④ 나는 이미 이 소설책을 읽기 시작했어.

→

⑤ 나에게 운전하는 것을 가르쳐 줄래?

→

⑥ 아직 우리는 일하는 거 끝내지 못했어.

→

⑦ 자기 전에 나는 독서하려고 노력해.

→

⑧ 너는 담배를 끊어야 해.

→

⑨ 나는 처음부터 다시 시작하고 싶어.

→

⑩ 나는 방금 사무실에서 나왔어.

→

① He decidido dejar el trabajo.

② Espero verte pronto.

③ Suelo ir al cine una vez al mes.

④ Ya he empezado a leer esta novela.

⑤ ¿Puedes enseñarme a conducir?

⑥ Todavía no hemos terminado de trabajar.

⑦ Trato de leer antes de dormir.

⑧ Tienes que dejar de fumar.

⑨ Quiero volver a empezar de cero.

⑩ Acabo de salir de la oficina.

MEMO 틀린 문장이 있을 경우 아래에 몇 번씩 반복해서 써보세요.

LECCIÓN 10

'의문사'를 활용해 말하기

¿Qué tal **todo**?

모든 것이 어때? (잘 지내?)

① qué = 무엇 → ¿Qué tal ~? = ~은·는 어때?, ~은·는 어땠어?

'¿Qué tal ~?'은 상태나 안부 등을 물을 때 자주 사용하는 표현입니다.

(*동사를 사용하지 않고 '¿Qué tal+명사?'라고 말해도 됩니다.)

② ¿Qué tal <u>está tu madre</u>? = <u>너의 어머니는</u> 어떻게 지내시니?

¿Qué tal <u>la cena</u>? = 저녁 식사는 어땠어?

¿Qué tal <u>todo</u>? = 모든 것이 어때? (= 잘 지내?)

MP3 듣고 따라 말하며 세 번씩 써보기	🎧 mp3 181

①

②

③

응용해서 써본 후 MP3 듣고 따라 말하기	🎧 mp3 182

① 음식은 어때?

→

② 파티는 어땠어?

→

① ¿Qué tal la comida?

② ¿Qué tal la fiesta?

¿Qué tal si jugamos al baloncesto?

우리 농구하는 게 어때?

① ¿Qué tal <u>si</u> ~? = ~하면(~하는 게) 어때?

② jugar = 놀다; 경기를 하다 (어간의 u→ue로 불규칙 변화 : 현재 시제 기준)

   jugar a+스포츠명 = ~을 하다

   jugar al baloncesto = 농구를 하다

   ¿Qué tal si jugamos al baloncesto? = 우리 농구하는 게 어때?

   → '우리'가 하는 게 어떠냐고 묻고 있으므로 'jugar→jugamos'라는 형태로 씁니다.

MP3 듣고 따라 말하며 세 번씩 써보기　　　　　　　　　　　　🎧 mp3 183

① _____

② _____

③ _____

응용해서 써본 후 MP3 듣고 따라 말하기　　　　　　　　　　　🎧 mp3 184

① 우리 산에 가는 게 어때? [산 = f. montaña]

   →

② 우리 같이 저녁 먹는 게 어때? [<u>같이 저녁을 먹다</u> = cenar juntos/-as]

   →

① ¿Qué tal si vamos a la montaña?

② ¿Qué tal si cenamos juntos?

¿Qué tiempo hace hoy?

오늘은 어떤 날씨야? (오늘 날씨가 어때?)

① qué+명사 = 무슨 ~; 어떤 ~ / m. tiempo = 날씨

¿Qué tiempo hace hoy? = 오늘은 어떤 날씨야? (= 오늘 날씨가 어때?)

'날씨가 ~하다'라고 할 땐 hacer 동사의 3인칭 단수형 hace를 쓴다고 배웠죠?

② [추가 표현] para = ~을 위해 → para qué = 무엇을 위해, 뭐 하려고

¿Para qué trabajas tanto? (tanto = 그렇게 많이)

= 너는 무엇을 위해 일을 그렇게 많이 하니?

MP3 듣고 따라 말하며 세 번씩 써보기	🎧 mp3 185

①

②

③

응용해서 써본 후 MP3 듣고 따라 말하기	🎧 mp3 186

① 너는 무슨 음악을 좋아하니? [gustar 동사 활용]

→

② 너는 무엇을 위해 돈이 필요하니? [필요로 하다 = necesitar, 돈 = m. dinero]

→

① ¿Qué música te gusta?

② ¿Para qué necesitas dinero?

¿Qué tipo de vino **buscas?**

너는 어떤 종류의 와인을 찾니?

① m. tipo = 종류, 타입

   qué tipo de+A(명사) = 어떤 종류의 A

   ¿Qué tipo de+A(명사) ~? = 어떤 종류의 A를 ~하니?

② m. vino = 와인 / buscar = 찾다

   qué tipo de vino = 어떤 종류의 와인

   ¿Qué tipo de vino buscas? = 너는 어떤 종류의 와인을 찾니?

MP3 듣고 따라 말하며 세 번씩 써보기 🎧 mp3 187

① _____

② _____

③ _____

응용해서 써본 후 MP3 듣고 따라 말하기 🎧 mp3 188

① 너는 어떤 종류의 일을 원하니?

   →

② 너는 어떤 종류의 음식을 좋아하니?

   →

① ¿Qué tipo de trabajo quieres?

② ¿Qué tipo de comida te gusta?

¿Cuál es tu color favorito?

너의 가장 좋아하는 색깔은 어떤 거야?

① cuál = 어떤 것, 어느 것 (복수형은 cuáles)

'cuál'은 여러 개 중 '어떤 것'인지를 선택적으로 물을 때 쓰는 의문사입니다.

m. color = 색깔 / favorito/-a = 아주 좋아하는

¿Cuál es tu color favorito? = 너의 가장 좋아하는 색깔은 어떤 거야?

② 스페인어에서 이름을 물어볼 때 cuál을 사용합니다.

¿Cuál es tu nombre? = 너의 이름이 뭐야?

MP3 듣고 따라 말하며 세 번씩 써보기　　　　　　　　🎧 mp3 189

①

②

③

응용해서 써본 후 MP3 듣고 따라 말하기　　　　　　　　🎧 mp3 190

① 너의 가장 좋아하는 노래는 어떤 거야? [노래 = f. canción]

　→

② 너의 여행 가방들이 어떤 거야? [여행 가방 = f. maleta]

　→

---

① ¿Cuál es tu canción favorita?

② ¿Cuáles son tus maletas?

¿Cuál de estos libros quieres?

너는 이 책들 중에 어느 것을 원하니?

① cuál(es) de + 복수 명사 = ~ 중 어느 것; ~ 중 누구

② [~ 중 어느 것] ¿Cuál de estos libros quieres?

= 너는 이 책들 중에 어느 것을 원하니?

[~ 중 누구] m.f. hermano/-a = 형제, 자매

¿Cuál de tus hermanos vive en España?

= 네 형제들 중에 누가 스페인에 살아?

MP3 듣고 따라 말하며 세 번씩 써보기   ∩ mp3 191

① _____

② _____

③ _____

응용해서 써본 후 MP3 듣고 따라 말하기   ∩ mp3 192

① 너는 이 색깔들 중에 어느 것을 선호하니?

→

② 너의 부모님 중에 누가 영어를 (말)하셔?

→

---

① ¿Cuál de estos colores prefieres?

② ¿Cuál de tus padres habla inglés?

¿Cuánto cuesta un kilo de manzanas?

사과 1킬로그램은 값이 얼마예요?

① cuánto = 얼마, 얼마만큼, 얼마나

'cuánto'는 '값·무게·치수' 등을 물을 때 주로 사용합니다.

② costar = 값이 ~이다 (어간의 o→ue로 불규칙 변화 : 현재 시제 기준)

m. kilo = 킬로그램 → 숫자+kilo(s)+de+A(명사) = A(의) ~킬로그램

¿Cuánto cuesta un kilo de manzanas? = 사과 1킬로그램은 값이 얼마예요?

Cuesta cinco euros. = 5유로만큼 값이 나가요. (= 5유로예요.)

MP3 듣고 따라 말하며 세 번씩 써보기 　　　　　　　　🎧 mp3 193

①

②

③

응용해서 써본 후 MP3 듣고 따라 말하기 　　　　　　　🎧 mp3 194

① 입장권이 얼마예요? - 10 유로예요. [입장권 = f. entrada]

→

② 너는 몸무게가 몇 킬로그램이야? - 나는 80킬로그램이야. [무게가 나가다 = pesar]

→

---

① ¿Cuánto cuesta la entrada? - Cuesta diez euros.

② ¿Cuánto pesas? - Peso ochenta kilos.

¿Cuántos años tienes?

너는 몇 살이니?

① cuánto/-a/-os/-as+명사 = 얼마만큼의 ~, 얼마나 많은 ~

위에서 cuánto는 뒤에 나오는 명사의 성·수에 맞춰 형태가 변합니다.

(ex) cuánto dinero = 얼마만큼의 돈 / cuánta agua = 얼마만큼의 물

② cuántos años = 얼마만큼의 해(年)들

¿Cuántos años tienes? = [직역] 너는 얼마만큼의 해들을 가지고 있니?

→ 위의 말은 결국 '너는 몇 살이니?'라는 뜻입니다.

MP3 듣고 따라 말하며 세 번씩 써보기 🎧 mp3 195

① _____

② _____

③ _____

응용해서 써본 후 MP3 듣고 따라 말하기 🎧 mp3 196

① 너는 얼마나 많은 형제가 있니? (= 너는 형제가 몇 명이니?)

→

② 너는 얼마만큼의 돈이 필요하니? (= 너는 돈이 얼마나 필요하니?)

→

---

① ¿Cuántos hermanos tienes?

② ¿Cuánto dinero necesitas?

¿Cuántas horas **duermes al día?**

너는 하루에 몇 시간 자니?

① f. hora = 시간

  cuántas horas = 얼마만큼의 **시간들**; 몇 **시간**

  dormir = 자다 (어간의 o→ue로 불규칙 변화 : 현재 시제 기준)

  ¿Cuántas horas **duermes?** = **너는** 몇 시간 **자니?**

② al día = 하루에

  ¿Cuántas horas duermes al día? = **너는 하루에** 몇 시간 **자니?**

MP3 듣고 따라 말하며 세 번씩 써보기	🎧 mp3 197

①

②

③

응용해서 써본 후 MP3 듣고 따라 말하기	🎧 mp3 198

① 너는 일주일에 몇 번 운동을 하니? [얼마만큼의 **횟수**; 몇 번 = cuántas veces]

  →

② 너는 한 달에 몇 번 영화관에 가니?

  →

① ¿Cuántas veces haces ejercicio a la semana?

② ¿Cuántas veces vas al cine al mes?

¿Cuánto tiempo hace que **no ves a tus padres?**

너의 부모님을 못 뵌 지 얼마나 됐어?

① ¿Cuánto tiempo hace que ~? = ~한 지 얼마나 되었어?

¿Cuánto tiempo hace que **no ves a tus padres**?

= 너의 부모님을 못 뵌 지 얼마나 됐어?

② cuándo = 언제

¿Desde cuándo ~? = 언제부터 ~하니?

¿Desde cuándo **no fumas**? = 언제부터 담배를 안 피우고 있니?

MP3 듣고 따라 말하며 세 번씩 써보기 🎧 mp3 199

① _____

② _____

③ _____

응용해서 써본 후 MP3 듣고 따라 말하기 🎧 mp3 200

① 너는 이 동네에 산 지 얼마나 되었니? [동네 = m. barrio]

→ _____

② 언제부터 너는 이 회사에서 일하고 있니? [회사 = f. empresa]

→ _____

---

① ¿Cuánto tiempo hace que vives en este barrio?

② ¿Desde cuándo trabajas en esta empresa?

01. 앞서 배운 내용 중 주요 문법 및 표현을 정리해 봅시다.

□ 의문사를 활용한 표현들 총정리

① ¿Qué tal ~? = ~어때?, ~어땠어?

¿Qué tal está tu madre? = 너의 어머니는 어떻게 지내시니?

¿Qué tal todo? = 모든 것이 어때? = 잘 지내?

② ¿Qué tal si ~? = ~하는 게 어때?

¿Qué tal si jugamos al baloncesto? = 우리 농구하는 게 어때?

¿Qué tal si cenamos juntos? = 우리 저녁 같이 먹는 게 어때?

③ para qué = 무엇을 위해, 뭐 하려고

¿Para qué trabajas tanto? = 너는 무엇을 위해 일을 그렇게 많이 하니?

¿Para qué necesitas dinero? = 너는 무엇을 위해 돈이 필요하니?

④ qué tipo de ~ = 어떤 종류의 ~

¿Qué tipo de vino buscas? = 너는 어떤 종류의 와인을 찾니?

¿Qué tipo de trabajo quieres? = 너는 어떤 종류의 일을 원하니?

⑤ cuál (복수형은 cuáles) = 어느 것; 어떤 것

¿Cuál es tu color favorito? = 너의 가장 좋아하는 색깔은 어떤 거야?

¿Cuáles son tus maletas? = 너의 여행 가방들이 어떤 거야?

⑥ cuál(es) de ~ = ~(들) 중에 어느 것, ~(들) 중에 누구

¿Cuál de estos colores prefieres?

= 너는 이 색깔들 중에 어느 것을 선호하니?

¿Cuál de tus hermanos vive en España?

= 네 형제들 중에 누가 스페인에 살아?

⑦ cuánto = 얼마, 얼마만큼, 얼마나

¿Cuánto cuesta un kilo de manzanas?

= 사과 1킬로그램은 값이 얼마예요?

¿Cuánto cuesta la entrada? = 입장권이 얼마예요?

¿Cuánto pesas? = 너는 몸무게가 몇 킬로그램이야?

⑧ cuánto/-a/-os/-as+명사 = 얼마만큼의 ~, 얼마나 많은 ~

¿Cuántos años tienes? = 너는 몇 살이니?

¿Cuánto dinero necesitas? = 너는 돈이 얼마나 필요하니?

⑨ ¿Cuántas horas/veces ~? = 몇 시간/몇 번 ~하니?

¿Cuántas horas duermes al día? = 너는 하루에 몇 시간 자니?

¿Cuántas veces haces ejercicio a la semana?

= 넌 일주일에 몇 번 운동을 하니?

⑩ ¿Cuánto tiempo hace que ~? = ~한 지 얼마나 되었어?

¿Cuánto tiempo hace que no ves a tus padres?

= 너의 부모님을 못 뵌 지 얼마나 됐어?

¿Cuánto tiempo hace que vives en este barrio?

= 너는 이 동네에 산 지 얼마나 되었니?

⑪ ¿Desde cuándo ~? = 언제부터 ~하니?

¿Desde cuándo no fumas? = 언제부터 담배를 안 피우고 있니?

¿Desde cuándo trabajas en esta empresa?

= 언제부터 너는 이 회사에서 일하고 있니?

02. 아래의 한국어 문장들을 스페인어로 직접 작문해 보도록 하세요. (정답 p.179)

① 파티는 어땠어?

→

② 우리 산에 가는 게 어때?

→

③ 오늘 날씨가 어때?

→

④ 너는 어떤 종류의 일을 원하니?

→

⑤ 너는 이름이 뭐야?

→

⑥ 너는 이 책들 중에 어느 것을 원하니?

→

⑦ 사과 1킬로그램은 얼마예요?

→

⑧ 너는 몇 살이니?

→

⑨ 너는 하루에 몇 시간 자니?

→

⑩ 너의 부모님을 못 뵌 지 얼마나 됐어?

→

① ¿Qué tal la fiesta?

② ¿Qué tal si vamos a la montaña?

③ ¿Qué tiempo hace hoy?

④ ¿Qué tipo de trabajo quieres?

⑤ ¿Cuál es tu nombre?

⑥ ¿Cuál de estos libros quieres?

⑦ ¿Cuánto cuesta un kilo de manzanas?

⑧ ¿Cuántos años tienes?

⑨ ¿Cuántas horas duermes al día?

⑩ ¿Cuánto tiempo hace que no ves a tus padres?

MEMO 틀린 문장이 있을 경우 아래에 몇 번씩 반복해서 써보세요.

중급문장 100
주요 내용 & 어휘 총정리

중급문장 100에서 배웠던 주요 표현들 및 문법들을 한데 모아 훑어보도록 합시다. 잘 생각나지 않는 부분들은 해당 Lección으로 다시 돌아가 복습하도록 하세요.

[Lección 01~02] 주요 동사 및 관련 표현

querer 원하다	querer+사물 = ~을 원하다 querer+a 사람 = ~을 좋아하다 · 사랑하다 querer+동사 원형 = ~하고 싶다
preferir 선호하다	preferir+명사/동사 원형 = ~을/~하기를 선호하다 preferir A a B = B보다 A를 선호하다
poder 할 수 있다	poder+동사 원형 = ~할 수 있다; 해도 된다 no poder+동사 원형 = ~할 수 없다; 하면 안 된다 ¿Puedo+동사 원형? = ~해도 될까(요)? ¿Puedes+동사 원형? = ~해 줄래?
tener 가지다	tener+명사 = ~을 가지고 있다 tener+숫자+año(s) = ~살이다 tener+hambre/calor/frío/sed/sueño/miedo/prisa = 배고프다/덥다/춥다/목마르다/졸리다/무섭다/급하다 tener ganas de 동사 원형 = ~할 의욕을 가지고 있다; ~하고 싶다 tener alergia a ~ = ~에 알레르기가 있다 tener que+동사 원형 = ~해야 한다 *hay que+동사 원형 = ~해야 한다 (일반적인 개념에서의 의무 표현)

직접 목적격 대명사	간접 목적격 대명사
me 나를 te 너를	me 나에게 te 너에게
lo/la 그·그녀·당신·그것을	le 그·그녀·당신·그것에게
nos 우리를 os 너희를	nos 우리에게 os 너희에게
los/las 그들·그녀들·당신들·그것들을	les 그들·그녀들·당신들·그것들에게

위치	(no)+목적격 대명사+활용된 동사 Te amo. = 나는 너를 사랑해. No te digo mentiras. = 나는 너에게 거짓말 안 해. '활용된 동사+동사 원형/현재 분사형'과 쓰일 경우 활용된 동사 앞에 놓거나 '원형, 현재 분사형' 바로 뒤에 붙여서 사용 ¿Me puedes ayudar? = ¿Puedes ayudarme? = 너 나를 도와줄 수 있니?
간접·직접 함께 쓰는 경우	[간접-직접]의 어순으로 나열하되, [3인칭 간접+3인칭 직접]일 경우엔 간접 목적격 대명사가 se로 바뀜. Te(간접) la(직접) devuelvo. = 너에게 그것을 돌려줄게. Le lo doy. → Se lo doy. = 그에게 그것을 줄게.
강조하는 경우	목적격 대명사를 강조하거나 이것이 누구를 지칭하는지 좀 더 명확히 하고자 할 땐 목적격 대명사와 함께 아래의 '목적격 대명사의 중복형'을 사용 a mí, a ti, a él, a ella, a usted, a nosotros/-as, a vosotros/-as, a ellos, a ellas, a ustedes Te amo a ti. = 나는 너를 사랑해. (강조)

gustar류 동사가 들어간 문장의 어순

간접 목적격 대명사+gustar+ 주어(명사/동사 원형)

= ~에게 ~이·가/~하는 것이 마음에 들다 → ~이·가 ~을·를 좋아하다

(주어가 '3인칭 단수'일 땐 'gusta', '복수'일 땐 'gustan'이라는 형태로 사용)

예문	Me gusta el fútbol. = 나는 축구가 좋아. ¿Te gusta cantar? = 너는 노래하는 걸 좋아하니? Me gustan el fútbol y el baloncesto. = 나는 축구와 농구를 좋아해.

다른 gustar류 동사들

encantar 매우 마음에 들다·좋아하다 / apetecer 당기다, ~하고 싶다

doler 아프다 / interesar 관심을 끌다, 흥미가 있다

예문	Me encanta la paella. = 나는 빠에야를 정말 좋아해. Me apetece un café. = 나 커피 한잔이 땡겨. Me duele mucho la cabeza. = 나는 머리가 많이 아파. No me interesa nada la política. = 나는 정치에 전혀 관심 없어.

간접 목적격 대명사를 강조할 때

목적격 대명사의 중복형+간접 목적격 대명사

예문	A mí me encanta la paella. = 나는 빠에야를 정말 좋아해. A nosotros nos encanta ir al cine. = 우린 영화관에 가길 정말 좋아해.

(고유) 명사가 포함된 문장의 경우

A+(고유) 명사+간접 목적격 대명사+gustar+주어

예문	A Marta le gusta aprender idiomas. = 마르따는 언어 배우는 걸 좋아해. A mi abuela le gustan las flores. = 우리 할머니는 꽃들을 좋아하셔.

비교급	
우등 비교	más+형용사/부사+que A = A보다 더 ~한/하게
	más+명사+que A = A보다 더 많은 ~
	동사+más+que A = A보다 더 많이 ~하다
열등 비교	menos+형용사/부사+que A = A보다 덜 ~한/하게
	menos+명사+que A = A보다 더 적은 ~
	동사+menos+que A = A보다 더 적게 ~하다
동등 비교	tan+형용사+como A = A처럼/만큼 ~한
	tan+부사+como A = A처럼/만큼 ~하게
	동사+tanto+como A = A처럼/만큼 (그렇게 많이) ~하다
	tanto/-a/-os/-as+명사+como A = A처럼/만큼 (많은) ~

más/menos가 붙지 않고 비교급이 불규칙하게 변하는 동사		
grande (큰)	→	mayor (나이가 더 많은)
pequeño/-a (작은)	→	menor (나이가 더 어린)
bueno/-a (좋은) bien (잘, 좋게)	→	mejor (더 좋은; 더 잘, 더 좋게)
malo/-a (나쁜) mal (서툴게; 나쁘게)	→	peor (더 나쁜; 더 서툴게; 더 나쁘게)

최상급

el/la/los/las+A(명사)+más+형용사 = 가장 ~한 A

el/la/los/las+A(명사)+menos+형용사 = 가장 덜 ~한 A

→ 최상급으로 묘사하는 대상이 명확하거나 사람일 경우 '명사'는 생략 가능합니다.

날씨를 묘사하는 표현

- Hace+명사(날씨). = 날씨가 ~하다.

  Hace (mucho) calor/frío/sol/viento/fresco.

  = 날씨가 (많이) 덥다/춥다/화창하다/바람이 분다/선선하다.

- Está+형용사(날씨). = 날씨가 ~하다.

  Está nublado/despejado. = 날씨가 흐리다/맑다;맑게 개었다.

- Hay+명사(안개·구름 등). = ~(안개·구름 등)이 있다.

  Hay niebla. = 안개가 꼈다. / Hay nubes. = 구름이 있다.

- llover / nevar = 비가 오다 / 눈이 오다

  [3인칭 단수형 사용] Llueve. = 비가 온다. / Nieva. = 눈이 온다.

기간을 나타내는 표현

- 문장(현재 시제)+desde+시점. = ~부터 ~하다.

  No veo a Luisa desde el año pasado.

  = 나는 작년부터 루이사를 못 봤어.

- 문장(현재 시제)+desde hace+기간. = ~ 전부터 ~하다.

  Daniel y yo somos amigos desde hace mucho tiempo.

  다니엘과 나는 오래전부터 친구야.

- Hace+기간+que+문장(현재 시제). = ~한 지 ~이 되었다.

  Hace dos meses que no llevo gafas.

  = 나는 안경을 안 쓴 지 2달 됐어.

- 미래에 일어날 일·상황을 말할 때, 현재의 상황을 추측해서 말할 때 쓰는 시제
- 미래 시제 규칙 동사 : 동사 원형 + -é, -ás, -á, -emos, -éis, -án

  (미래 시제 불규칙 동사는 하단의 예시 참조)
- ir+a+동사 원형 : 가까운 미래, 이미 계획된 미래를 말할 때 주로 사용

미래 시제 규칙 동사

	acabar 끝내다	volver 돌아오다, 돌아가다	vivir 살다
	동사 원형 + -é, -ás, -á, -emos, -éis, -án		
yo	acabaré	volveré	viviré
tú	acabarás	volverás	vivirás
él, ella, usted	acabará	volverá	vivirá
nosotros/-as	acabaremos	volveremos	viviremos
vosotros/-as	acabaréis	volveréis	viviréis
ellos, ellas, ustedes	acabarán	volverán	vivirán

미래 시제 불규칙 동사

	hacer 하다; 만들다	poder ~할 수 있다	tener 가지다
	har-	podr-	tendr-
yo	haré	podré	tendré
tú	harás	podrás	tendrás
él, ella, usted	hará	podrá	tendrá
nosotros/-as	haremos	podremos	tendremos
vosotros/-as	haréis	podréis	tendréis
ellos, ellas, ustedes	harán	podrán	tendrán

	haber	동사의 과거 분사
yo	he	
tú	has	① 과거 분사 규칙형
él, ella, usted	ha	-ar → -ado
nosotros, -as	hemos	-er, -ir → -ido
vosotros, -as	habéis	② 과거 분사 불규칙형
ellos, ellas, ustedes	han	규칙을 벗어난 형태의 과거 분사

용법

① 과거의 경험을 말할 때 사용

② '현재의 순간이 포함된 시간 표현'과 자주 사용

③ 근접한 과거의 사건을 말할 때 사용

④ 과거의 결과가 현재까지 영향을 미칠 때 사용

⑤ 어떤 일이 실현됐는지 여부에 대해 이야기할 때 사용

⑥ 현재 완료 시제 문장에서 목적격 대명사는 '현재 완료형' 앞에 위치

예문

¿Has bebido alguna vez michelada?

= 너는 (언젠가 한번) 미첼라다를 마셔 본 적 있니?

Nunca he trabajado(= No he trabajado nunca) en otra ciudad.

= 나는 한 번도 다른 도시에서 일해 본 적 없어.

Hoy he perdido el tren. = 오늘 나는 기차를 놓쳤어.

No puedo coger un taxi. He perdido mi cartera.

= 나는 택시를 탈 수 없어. 내 지갑을 잃어버렸어(그 결과 택시를 못 탐).

Hoy te he llamado tres veces. = 오늘 난 너에게 세 번 전화를 했어.

동사 원형만 사용된 경우

decidir 결정하다; 결심하다 odiar 무척 싫어하다

esperar 기다리다; 기대하다; 바라다 necesitar 필요가 있다 soler ~하곤 하다

- decidir+동사 원형 = ~하기로 결심하다
- odiar+동사 원형 = ~하는 것을 무척 싫어하다
- esperar+동사 원형 = ~하기를 바라다
- necesitar+동사 원형 = ~할 필요가 있다
- soler+동사 원형 = ~하곤 하다; 주로 ~하다

동사 원형과 전치사가 함께 사용된 경우

empezar 시작하다 ayudar 돕다, 도와주다 enseñar 가르치다

terminar 끝내다, 끝나다 soñar 꿈꾸다 tratar 취급하다; 대하다

dejar 놓아두다; 그만두다 volver 돌아오다, 돌아가다 acabar 끝나다, 끝내다

- empezar+a+동사 원형 = ~하기 시작하다
- ayudar+a+동사 원형 = ~하는 것을 도와주다
- enseñar+a+동사 원형 = ~하는 것을 가르치다
- volver+a+동사 원형 = 다시 ~하다
- terminar+de+동사 원형 = ~하는 것을 끝내다
- tratar+de+동사 원형 = ~하려고 노력하다
- dejar+de+동사 원형 = ~하는 것을 그만두다
- acabar+de+동사 원형 = 방금 ~했다
- soñar+con+동사 원형 = ~하는 것을 꿈꾸다

의문사 표현	¿Qué tal ~? = ~어때?, ~어땠어? / ¿Qué tal si ~? = ~하는 게 어때? para qué = 무엇을 위해, 뭐 하려고 qué tipo de ~ = 어떤 종류의 ~ cuál (복수형은 cuáles) = 어느 것; 어떤 것 cuál(es) de ~ = ~(들) 중에 어느 것, ~(들) 중에 누구 cuánto = 얼마, 얼마만큼, 얼마나 cuánto/-a/-os/-as+명사 = 얼마만큼의 ~, 얼마나 많은 ~ ¿Cuántas horas/veces ~? = 몇 시간/몇 번 ~하니? ¿Cuánto tiempo hace que ~? = ~한 지 얼마나 되었어? ¿Desde cuándo ~? = 언제부터 ~하니?
예문	¿Qué tal todo? = 모든 것이 어때? = 잘 지내? ¿Qué tal si cenamos juntos? = 우리 저녁 같이 먹는 게 어때? ¿Para qué necesitas dinero? = 너는 무엇을 위해 돈이 필요하니? ¿Qué tipo de trabajo quieres? = 너는 어떤 종류의 일을 원하니? ¿Cuál es tu nombre? = 너의 이름이 뭐야? ¿Cuáles son tus maletas? = 너의 여행 가방들이 어떤 거야? ¿Cuál de tus hermanos vive en España? = 네 형제들 중에 누가 스페인에 살아? ¿Cuánto cuesta la entrada? = 입장권이 얼마예요? ¿Cuántos años tienes? = 너는 몇 살이니? ¿Cuántas horas duermes al día? = 너는 하루에 몇 시간 자니? ¿Cuánto tiempo hace que vives en este barrio? = 너는 이 동네에 산 지 얼마나 되었니? ¿Desde cuándo no fumas? = 언제부터 담배를 안 피우고 있니?

어간의 e→ie로 변하는 불규칙 동사

	querer 원하다	preferir 선호하다	encender 켜다
yo	quiero	prefiero	enciendo
tú	quieres	prefieres	enciendes
él, ella, usted	quiere	prefiere	enciende
nosotros/-as	queremos	preferimos	encendemos
vosotros/-as	queréis	preferís	encendéis
ellos, ellas, ustedes	quieren	prefieren	encienden

	cerrar 닫다	fregar 문질러 씻다	perder 잃다
yo	cierro	friego	pierdo
tú	cierras	friegas	pierdes
él, ella, usted	cierra	friega	pierde
nosotros/-as	cerramos	fregamos	perdemos
vosotros/-as	cerráis	fregáis	perdéis
ellos, ellas, ustedes	cierran	friegan	pierden

	empezar 시작하다	recomendar 추천하다
yo	empiezo	recomiendo
tú	empiezas	recomiendas
él, ella, usted	empieza	recomienda
nosotros/-as	empezamos	recomendamos
vosotros/-as	empezáis	recomendáis
ellos, ellas, ustedes	empiezan	recomiendan

어간의 o, u→ue로 변하는 불규칙 동사

	poder 할 수 있다	dormir 자다	recordar 기억하다
yo	puedo	duermo	recuerdo
tú	puedes	duermes	recuerdas
él, ella, usted	puede	duerme	recuerda
nosotros/-as	podemos	dormimos	recordamos
vosotros/-as	podéis	dormís	recordáis
ellos, ellas, ustedes	pueden	duermen	recuerdan
	devolver 돌려주다	doler 아프다	soler ~하곤 하다
yo	devuelvo	duelo	suelo
tú	devuelves	dueles	sueles
él, ella, usted	devuelve	duele	suele
nosotros/-as	devolvemos	dolemos	solemos
vosotros/-as	devolvéis	doléis	soléis
ellos, ellas, ustedes	devuelven	duelen	suelen
	soñar 꿈꾸다	volver 돌아오다	jugar 놀다, 경기를 하다
yo	sueño	vuelvo	juego
tú	sueñas	vuelves	juegas
él, ella, usted	sueña	vuelve	juega
nosotros/-as	soñamos	volvemos	jugamos
vosotros/-as	soñáis	volvéis	jugáis
ellos, ellas, ustedes	sueñan	vuelven	juegan

어간의 e→i로 변하는 불규칙 동사

	seguir 따르다; 쫓다; 계속하다	decir 말하다
yo	sigo	digo
tú	sigues	dices
él, ella, usted	sigue	dice
nosotros/-as	seguimos	decimos
vosotros/-as	seguís	decís
ellos, ellas, ustedes	siguen	dicen

1인칭 단수 주어일 때 불규칙 변화하는 동사

	dar 주다	traer 가져오다	apetecer 당기다, ~하고 싶다
yo	doy	traigo	apetezco
tú	das	traes	apeteces
él, ella, usted	da	trae	apetece
nosotros/-as	damos	traemos	apetecemos
vosotros/-as	dais	traéis	apetecéis
ellos, ellas, ustedes	dan	traen	apetecen

중급문장 100에서 배웠던 주요 어휘 270여 개를 훑어보며 기억나지 않는 어휘들은 박스(☐)에 체크 표시를 한 뒤 복습하세요.

A

☐ a menudo	자주	p.112
☐ a veces	가끔	p.112
☐ acabar	끝내다, 끝나다	p.125
☐ agotado/-a	지친, 기진맥진한	p.143
☐ aire	m. 공기	p.153
☐ aire fresco	신선한 공기	p.153
☐ al día	하루에	p.174
☐ alergia	f. 알레르기	p.052
☐ alguno/-a	어느, 어떤; 얼마간의	p.124
☐ alto/-a	(소리가) 큰, 높은	p.037
☐ amigo/-a	m.f. 친구	p.095
☐ antes de ~	~ 전에	p.158
☐ apagar	끄다	p.039
☐ aparcar	주차하다	p.037
☐ apetecer	당기다, ~하고 싶다	p.085
☐ arreglar	정리하다	p.132
☐ ascensor	m. 엘리베이터	p.047
☐ asiático/-a	아시아의	p.087
☐ atracción	f. 끌어당기는 것(힘), 매력; 오락 시설	p.081
☐ ayudar	돕다, 도와주다	p.069

B

C

☐	malo/-a	나쁜	p.097
☐	mandar	보내다	p.144
☐	manzana	f. 사과	p.104
☐	mar	m.f. 바다	p.033
☐	máster	m. 석사 과정	p.144
☐	mayor	나이가 더 많은	p.048
☐	menor	나이가 더 어린	p.048
☐	mentira	f. 거짓말	p.067
☐	mes	m. 달	p.115
☐	mexicano/-a	m.f. 멕시코 사람 adj. 멕시코의	p.078
☐	miedo	m. 무서움	p.050
☐	molestar	방해하다, 귀찮게 하다	p.153
☐	montaña	f. 산	p.033
☐	móvil	m. 휴대폰	p.130
☐	mundo	m. 세계, 세상	p.101

N

☐	necesitar	필요하다	p.064
☐	nevar	눈이 오다	p.113
☐	niebla	f. 안개	p.114
☐	novela	f. 소설	p.155
☐	nube	f. 구름	p.114
☐	nublado/-a	흐린	p.114
☐	número de teléfono	전화번호	p.065

O

P

R

S

좋은 **책**을 만드는 길
독자님과 **함께**하겠습니다.

나의 하루 1줄 스페인어 쓰기 수첩 [중급문장 100]

초판3쇄 발행	2024년 04월 29일 (인쇄 2024년 03월 18일)
초 판 발 행	2021년 01월 20일
발 행 인	박영일
책 임 편 집	이해욱
저 자	Yessi (권진영)
감 수	Daniel Serrano Carmona
편 집 진 행	SD어학연구소
표지디자인	조혜령
편집디자인	임아람 · 하한우
표지일러스트	이미경
발 행 처	시대인
공 급 처	(주)시대고시기획
출 판 등 록	제 10-1521호
주 소	서울시 마포구 큰우물로 75 [도화동 538 성지 B/D] 9F
전 화	1600-3600
팩 스	02-701-8823
홈 페 이 지	www.sdedu.co.kr
I S B N	979-11-254-8843-9(13770)
정 가	12,000원